网络化背景下校园生活
与大学生社会性
发展的关系互动

范良辰　著

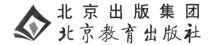

北京出版集团
北京教育出版社

图书在版编目（CIP）数据

网络化背景下校园生活与大学生社会性发展的关系互
动 / 范良辰著. -- 北京 : 北京教育出版社, 2023.7
ISBN 978-7-5704-5736-6

Ⅰ.①网… Ⅱ.①范… Ⅲ.①大学生—人的社会性—
研究 Ⅳ.①B038

中国国家版本馆CIP数据核字(2023)第143002号

网络化背景下校园生活与大学生社会性
发展的关系互动

范良辰　著

＊

北 京 出 版 集 团
北京教育出版社　出版
（北京北三环中路 6 号）
邮政编码：100120
网址：www.bph.com.cn

京版北教文化传媒股份有限公司总发行
全国各地书店经销
河北宝昌佳彩印刷有限公司印刷

＊

710 mm×1 000 mm　16 开本　13.5 印张　200 千字
2023 年 7 月第 1 版　2023 年 7 月第 1 次印刷
ISBN 978-7-5704-5736-6

定价：88.00 元

前　言

　　20世纪以来，网络技术对人类社会产生了深远的影响，当代人类的生存方式处于急剧嬗变和重建之中。随着"互联网＋"深入发展，人们已经逐渐适应了随时面对现实生活中不期而至的网络化生存境遇，并且通过网络化行动不断实践、反思和改进，人们的认识、改造与适应的认知结构、思维逻辑和行为方式得到了重构，自发的网络化行动上升为自觉的"网络化行动研究"。可见，在线上、线下世界的对象性生产、实践、改造中，具有主观能动性的人类个体的取向已经逐渐融合，在客观世界的对象性实践活动中形成的自我意识逐渐走向社会化和规定性的统一。

　　尚未具备成熟社会人格和价值观念的青年大学生易受不同文化的影响，在网络世界超越界限的互动式协同中，他们能够获得进行社会性发展实践的相对自由的空间。当前我国大学生的网络化生存进程与其他群体相比较快。大学生是一个富有无限创造力的实践活动群体，他们在大学校园里集聚，探索线上、线下世界融合的实践活动，所以校园生活承载了大学生的网络化行动研究。以大学生线上、线下世界融合的校园生活为研究对象，可以透视面对不期而至的网络化生存境遇时，青年人个体的社会性发展具有怎样的挑战与机遇。

　　有鉴于此，本书根据实践与互动理论建立了线上、线下世界融合的校园生活与大学生社会性发展的关系集群模型，从而从理论视角上清晰阐述了社会生活网络化与大学生社会性发展的互动关系。本书通过对大学校园生活中诸领域的网络化社会活动问题、现状、机制等的分析，在应用视角上丰富和发展了大学生的社会性发展与教育实践的内涵，为相关教育实践提供了理论基础。

　　由于本书作者水平有限，加之时间紧迫，难免有不足之处，殷切期望得到同行专家和广大读者的评议指导。撰写过程中参阅了部分学者的最新研究成果，在书末附了参考文献，在此出版之际，谨向他们一并表示衷心的感谢！

范良辰

2023 年 2 月

目　录

理论视野

　　社会化是个体在特定的文化环境中，学习和掌握知识、技能、语言、规范、价值观等社会行为方式和人格特征，适应社会并积极作用于社会，创造新文化的过程。社会化是个体发展历程的重要组成部分，能够推动社会形态不断发展。社会化对于个体发展而言虽然是一个具有相对稳定性的概念，但是在不同社会时代的背景下具有丰富而广阔的动态性内涵。进入 21 世纪，随着"互联网 +"社会的深入发展，个体发展的环境、社会关系的形态都悄然发生着天翻地覆的变化，人的能动性和创造性在面对不期而至的网络化生存境遇的过程中，逐渐从自发的网络化行动上升为自觉的网络化行动研究。与其他社会群体相比，当前我国大学生的网络化生存进程发展较快，具有丰富的创造力和实践力。然而由于大学生正处于从青少年向成人角色转变的社会化特殊阶段，他们面临的，线上、线下世界对人的分化所带来的社会性发展矛盾也尤为突出。对大学生在线上、线下世界融合背景下的校园生活进行研究是社会网络化发展和个体社会性发展的双向驱动提出的现实需要。本书第一至五章从理论视野探析线上、线下世界与人的生存的哲学基础，梳理个体社会性发展的相关研究成果与理论观点，说明新时期对大学生社会性发展进行研究的独特意义与价值。

第一章　线上、线下世界与人的网络化生存

第一节　线上、线下世界对人的存在分化

　　马克思认为："人双重地存在着：主观上作为他自身而存在着，客观上又存在于自己生存的这些自然无机条件之中。"①网络的发展引起了人的世界图景、认识方式和实践方式的变革，使主观上作为自身而存在的人与客观上存在于所生存的自然无机条件之中的人愈加分化与矛盾，原因是后者出现了再分裂，客观上存在于线上世界的存在与存在于线下世界的存在再次割裂了具有自我意识的人。这样的割裂在人类发展进程中是从未出现过的。在心理学领域也有相似的研究认识。心理发生理论认为个体新的认识活动是建立在已有的、平衡的心理背景上的，整个心理的发生、发展过程是一个不断打破旧有的平衡、建立新的平衡的过程。人们在线上世界的许多认识活动都很难在文化氛围和已有的心理背景上找到切入点，因为个体通过网络被置于世界的多元文化环境之中，所以线上世界使得个体人格潜移默化地向多元化发展②，这容易导致心理矛盾凸

---

① 马克思，恩格斯.马克思恩格斯全集：第46卷　上[M].中共中央马克思恩格斯列宁斯大林著作编译局，译.北京：人民出版社，1979：491.
② 郑荣双，严全治.当代人际交往的网络化方式与人格的多元化趋势[J].自然辩证法研究，1998(2)：39-43.

显，心理平衡扭曲、裂变，心理危机出现[1]。网络成瘾群体之所以存在，就是因为在互联网的信息超载和虚拟实践中出现了客观上自己所存在的线上线下两个世界的自我存在错乱，产生了"病态使用互联网（PIU）"的心理疾病。[2]人类一直在通过实践改造促使客观上自我的两个世界存在融合，希望线上、线下世界在现实生活情境中实现融合。图1-1为线上、线下世界的融合实践活动中人的客观世界存在趋于一体化示意图。

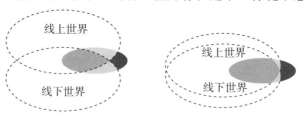

图1-1　线上、线下世界的融合实践活动中人的客观世界存在趋于一体化

　　马克思在资本主义发展初期认识到了生产劳动作为人的对象性活动是人与外部世界关系的客观存在，并且也改变了主观上人的精神世界里的存在。今天面对未能充分认识的异化分裂的人的客观存在时同样要回归现实背景，探寻人在两个世界中交互的对象性实践中自我本质的认识论与当下所生存的现实背景的统一。网络时代初期，网络在人所生存的客观世界里构建起纯粹以技术为内核的线上世界，衍生了人在客观上生存在线上世界的存在，异化了原本就处于自身分化与自相矛盾中的人存在的二重性，必然会使人——这个具有自我意识的自然存在物表现出适应不良，导致社会乱象丛生。例如，作为"互联网+"共享经济的共享单车、网约车的出现给人们的生活方式带来了前所未有的改变，但随着时间的推移，政府监管缺位、法律滞后等导致了诸多问题。然而，人是具有主观能动性的高级生物体，具有对所生活的世界进行实践、改造的无限创造力。随着"互联网+"社会深入发展，人们在线上、线下世界

① 柳友荣.谈网络化生存对心理构建的负面影响：兼与郑荣双、严全治先生商榷 [J].自然辩证法研究，1998(6): 64-66.

② 郑荣双，严全治.互联网的信息超载、虚拟性与PIU [J].自然辩证法研究，1999，15(5): 17-21.

的对象性生产、实践、改造中使取向逐渐融合，以恢复前一阶段出现的适应不良，逐步建立起认识所生存的线上线下融合的世界新的平衡心理背景。所以本书提到的线上、线下世界的融合是指人在客观世界的对象性实践活动中形成的自我意识逐渐走向社会化和规定性的统一，正如图1-1 所示，在人的自我意识中除了主观上作为自身的个体性存在（黑色部分），人与社会的双向对象化形成的社会性存在（浅灰色和深灰色部分）都可以随着线上、线下世界融合的实践活动趋于一体化。

第二节　线上、线下世界融合的网络化生存

"互联网 +"时代，人们已经逐渐习惯面对现实社会生活背景下的不期而至的网络化生存境遇，并且在文化自主的需求中通过网络化行动不断实践、反思和改进，从而将自发的网络化行动上升为自觉的网络化行动研究。① 此处的"研究"不特指研究工作人员开展的专业实践工作。网络化行动研究是对人在客观存在的社会性世界中具体、现实的网络化生活的关照，是人们为了实现线上线下融合的世界的新的心理平衡而不断参与、改进、理解和认识的新的生存方式。20 世纪末，还有一些人视网络、计算机为"洪水猛兽"，使科技发展面临阻碍，但这些阻碍无法阻挡网络技术主流化的步伐。2014 年，在首届世界互联网大会上，我国强调促进互联网共享共治，推动大众创业、万众创新。2015 年，十二届全国人大三次会议上审议通过的政府工作报告首次在政府层面提出"互联网 +"行动计划。2015 年 7 月 4 日，国务院印发《关于积极推进"互联网 +"行动的指导意见》，"互联网 +"正式成为我国政府的一项经济发展政策。可见，我国政府已经充分认识到发展网络技术的必要性，并且线上、线下世界的融合是需要通过全世界、全人类共同实践、探索来实现的。

在网络化人类社会生活的生存现实中，每一个网络化行动研究者都

---

① 左璜，黄甫全. 关照社会性世界的网络化生活：国外新兴网络化行动研究述论 [J].学术研究，2012(2): 50-58, 159.

需要重构认同、改造与适应的认知结构、思维逻辑和行为方式。这一套可以称为网络思维方式的思维方式并非"现成的"可以对象化习得的思维方式，"未来"才是它的本质属性，这一方面表现为思维主体的"不断年轻化"，另一方面表现为思维模式、思维方法、思维能力的未完成性和不确定性。①《第 51 次中国互联网络发展状况统计报告》显示，截至2022 年 12 月，我国网民规模达 10.67 亿，10 ～ 39 岁网民群体占网民整体的 48.1%，我国网民使用手机上网比例达 99.8%，未成年网民中使用手机上网的比例为 90.7%。青年人作为"网络化行动研究"的主力军，在具体的、现实的生活中开展了丰富的线上线下融合的对象性实践活动，成为当代实施创新驱动发展战略和推进大众创业、万众创新的新生力量。

不同于以往人类开展的以物理性存在为对象的实践，网络思维方式是将以往相互独立的工具、手段与对象一体化，保留了思维对象的多元化、多样性，也因此更加依赖作为工具、手段的网络和信息，相对地，网络思维方式也更加综合化，维度也更多。今天网络化行动研究者要面对的技术是在人的对象性实践活动中可能替代人这个思维主体，异化成与思维的对象日益融为一体的"伪思维主体"的现代技术。网络化行动研究者正在运用对线上线下融合的世界"未完成""不确定"的认知图式继续反思、改进自身的对象性实践活动。

---

① 常晋芳 . 网络思维方式：人类思维方式的第五次大变革 [J]. 理论学习， 2002(1): 46-48.

第二章 社会参与和个体社会性发展

社会参与对青年个体的社会性发展具有重要作用，自 20 世纪 90 年代以来，有关社会参与的研究受到的关注越来越多。面对当今处于重大变革中的国家和社会，我国政府于 2013 年召开的党的十八届三中全会上提出推进国家治理体系和治理能力现代化；党的十九大报告提出打造共建共治共享的社会治理格局；党的二十大报告则明确提出完善社会治理体系，健全共建共治共享的社会治理制度，提升社会治理效能。基于这样的国情社情，本书从青年个体社会性发展的角度论述社会参与的界定。这是指以青年这一特殊社会群体为对象，研究青年个体通过某种形式参与各领域社会公共事务治理与服务的组织或活动的社会性发展过程，个体在社会参与的过程中既改造了社会，又满足了自身对社会生活的某种需要，使自身得到了发展。

第一节 我国青年社会参与的当代意义

一个时代有一个时代的主题，一代人有一代人的使命。2021 年出台的《中华人民共和国国民经济和社会发展第十四个五年规划和 2035 年远景目标纲要》提出"十四五"时期是我国开启全面建设社会主义现代化国家新征程的第一个五年；党的二十大报告宣告从现在起中国共产党的中心任务就是团结带领全国各族人民全面建成社会主义现代化强国、实现第二个百年奋斗目标，以中国式现代化全面推进中华民族伟大复兴。当代中国青年是中国发展的新的建设者和先锋队，切实担当着实现"两个一百年"奋斗目标的任务，肩负着实现中华民族伟大复兴的时代使命。2021年3月，习近平在福建考察时对新时代中国青年提出"树立远大理想，热爱伟大祖国，担当时代责任，勇于砥砺奋斗，练就过硬本领，锤炼品德修为"六点要求，这赋予了青年成长更深厚的时代特色和使命意识。

进入新时代，青年的成长成才也面临着新的历史问题和环境条件。由现代科学技术引发的生产力革命带来了经济全球化、政治多极化、文化多样化、社会信息化等国内外形势的深刻变化，也给人类带来了前所未有的机遇与挑战。当代青年面临的我国社会的主要矛盾是人民日益增长的美好生活需要和不平衡不充分的发展之间的矛盾。

为了促进青年更好成长、更快发展，党的十八大以来，我国制定实施了一系列促进青年发展的政策措施，全面加强对青年的思想政治引领，助力青年成长成才。2017年制定出台的中华人民共和国历史上第一个中长期青年发展规划《中长期青年发展规划（2016—2025年）》是对新时代我国青年发展事业的重要顶层设计，其中青年社会融入与社会参与被列为青年发展的十项重要领域之一，此领域的发展目标为"青年更加主动、自信地适应社会、融入社会。青年社会参与的渠道和方式进一步丰富和畅通，实现积极有序、理性合法参与。共青团、青联、学联组织在促进青年社会融入和社会参与中的主导作用充分发挥，带动各类青年组织在促进青年有序社会参与中发挥积极作用。青年参与社会主义现代化建设的积极性、主动性进一步增强，青年志愿服务水平进一步提高。不同青年群体相互理解尊重。青年对外交流合作不断拓展"。当前我国已经出台了一系列关于青年社会参与的政策，充分体现了社会参与对青年发展的时代意义。

一是当代青年面临社会转型期间多元文化的流变，社会参与是引导教育青年树立正确价值观、坚定理想信念的有效科学路径。社会参与对当代青年形成正确价值观具有重要而又丰富的教育功能和价值，应引导广大青年积极投身于国情社情的观察实践中，使青年在丰富的实践活动中认识世界、了解自我，在广泛的亲身参与中认识国情、了解社会，在理性的认识中准确把握自身与群体、社会、国家的关系，把握人类社会发展的历史必然性，促使广大青年把理想信念建立在对科学理论的理性认同上，树立社会主义核心价值观，树立走中国特色社会主义道路的信念和信心。

二是当代青年处于互联网社会深刻变革的时代，社会参与是加强青年线上、线下世界融合的社会性发展的重要教育途径。网络时代在客观世界里构建起以技术为内核的数字世界，为人的对象性实践活动提供了一个虚拟现实的网络社会空间。当代青年是随着数字世界发展而成长起来的一代，具有良好的互联网技术基础应用能力，热衷于网络社会空间带来的虚拟社会角色的体验与实践，这体现了他们对于社会化实践活动的内在发展需求。社会参与可以给予个体在与其他成员共同参与的组织或活动中自我表达、人际互动、资源利用和价值再现的社会角色身份，为当代青年提供了延伸至线下世界的社会化实践活动，是对数字一代在深刻的社会变革中认知图式转变的一种有效教育回应。此外，理性思维能力相对不足的青年群体长期生活在充斥着多元文化、个性表达、纷繁信息的网络社会空间，极易出现线上、线下世界自我认知冲突问题。培育良好的社会参与意识有助于青年在线上、线下世界双向实践活动的融合冲突中自觉地发挥人的主观能动性，以社会群体的成员角色在社会参与中不断实践、反思，发挥青年人的无限创造力以面对现实生活中不期而至的网络化生存境遇，将当代青年自发的网络化行动上升为自觉的网络化行动研究，这正是当今逐步走向"互联网＋"时代的人类社会的发展大趋势。

第二节　社会参与在"互联网＋"时代的延展

马克思在 19 世纪就认识到了科学技术在社会生产发展中的巨大作用："随着资本主义生产的扩展，科学因素第一次被有意识地和广泛地加以发展、应用，并体现在生活中，其规模是以往的时代根本想象不到的。"① 邓小平通过总结历史上人类伟大的实践活动，于 1988 年 9 月 5 日会见捷克斯洛伐克总统时提出"科学技术是第一生产力"的论断。以互联网为代表的信息技术作为当代科学技术的核心，毋庸置疑地成为当代社会发展的核心生产力，形成了以信息网络技术为基础的全新生产关系。② 社会学家曼纽尔·卡斯特（Manuel Castells）提出"历史才刚要开始，此时我们的物种所具备的知识与社会组织水平已容许我们生活在一个根本上是社会性的世界之中"③。虽然这是一个明显支持网络世界崛起的论断，但线上、线下世界融合的社会性实践活动已经成为人们现实生活的日常写照，网络支付、线上购物、网约车等变革了个人的生活方式。随着"互联网 +"时代深入发展，个体的社会参与在参与的主体、参与的形式、参与的社会活动范围和参与的价值等方面都得到延展。

在信息技术的便捷性优势作用下，之前信息传播局限导致的基本参与障碍得到清除，参与主体成倍数增长，为个体的社会参与营造了良好的公共参与氛围，形成了个体社会互动发展的内在动力学系统，强化了主体的参与意愿。"互联网 +"带来的参与主体数量变革使得参与的个体能够与他人联结成融合自我的共同体，模糊了针对现实世界的公众参与提出的"公众参与阶梯理论"④划分的非实质性参与、象征性参与和实质性参与三个层次的边界，造成了适应个体社会性发展需求的社会参与由低到高的发展失控。

参与中的社会角色扮演是社会成员按照一定身份地位履行被赋予的责任或功能的一套行为模式，在网络技术的虚拟交互作用下，"不在场"的社会参与形式解构了参与个体的社会角色。网络技术的匿名性、虚拟

---

① 马克思.机器、自然力和科学的应用[M].自然科学史研究所，译.北京：人民出版社，1978：208.

② 常晋芳.网络哲学引论：网络时代人类存在方式的变革[D].北京：中共中央党校，2002.

③ 卡斯特.网络社会的崛起[M].夏铸九，王志弘，等译.北京：社会科学文献出版社，2001：588.

④ ARNSTEIN S R. A ladder of citizen participation [J]. Journal of American institute of planners, 1987, 35(4): 216-224.

性一方面为参与个体消除了现实世界参与对社会身份地位的角色认知偏见，可以实现民众参与的交互平等，另一方面也磨灭了社会身份地位对参与个体所赋予的多种社会属性和关系的角色期待，是对人的对象性存在的异化分裂。人的对象性存在是基于个体的对象性活动，从事什么样的对象性活动就会形成什么样的规定性。人在线上、线下世界进行的割裂了社会角色的对象性活动会使对人的客观存在规定的统一无法形成，人的客观存在也就失去自主自由。

网络技术的发展虽然对个体社会参与的社会活动范围（依然被界定为参与国家、社会各领域没有直接政治目的的公共事务治理组织或活动）没有产生太大的影响，但互联网已经从基本的信息获取、交互娱乐发展到与医疗、教育、交通等越来越多的公共服务深度融合，带动了整个社会传统产业的变革和创新，个体参与的社会活动更加丰富。"互联网＋政务服务"的应用也大力发展，个体的社会参与程度更深。

互联网技术时代的个体社会参与存在着"在场"的感知愉悦与"缺场"的精神满足之间的价值矛盾。网络技术被广泛应用于即时通信、信息搜索、娱乐等领域，这三类应用会给个体的社会参与带来极强的"在场"体验，源源不断的信息浪潮通过多媒体给人带来感官刺激。但这并非个体社会参与的主观价值再现。主观社会参与的提出强调对社会参与的主观评价、社会参与的经历以及满意度等，正是对个体社会参与的价值回归人的精神存在的关照。以互联网为代表的现代技术超越了一般的技术工具性认识，是一个具有压迫性的文化系统，技术批判理论关注这种"缺场"的精神满足。这也正是深刻变革的时代背景下自下而上不断增加的民众诉求背后隐藏着的参与价值冲突。

第三节　生命历程视域下的当代青年线上线下融合的社会性发展

20 世纪 60 年代，美国社会学、心理学教授埃尔德（Elder）对关于个人发展的生命历程理论进行了深入的研究，提出："个体在一生中会不断扮演社会规定的角色和事件，这些角色或事件的顺序是按年龄层级排列的。"这是一种关怀个体与社会的结合、尝试将生命的个体意义与社会意义相联系的理论。中共中央、国务院印发的《中长期青年发展规划（2016—2025 年）》将青年定义为年龄处于 14 ～ 35 周岁的个体。进入青年时代的个体在生命发展上不再主要受生理影响，进入主要受历史和偶发事件影响的独立期（成人期）。生命历程理论从社会时间角度对年龄重新进行了思考，社会时间指扮演特定角色的恰当时间。从这一角度分析，处于青年时期的个体会被赋予众多独立发展的特定角色，社会参与是个体在这一时期促进"选择""优化"和"弥补"等发展机制的主要手段。作为社会性发展的工具与渠道，个体在网络空间的实践活动也顺应社会时间赋予个体的角色要求。虽然目前相比于个体在自然世界社会化发展历程的成熟理论，网络空间的社会时间概念还未形成，但仍然可以根据生命历程理论框架从以下两个方面对当代大学生的网络空间社会性发展进行分析。

一是立足于个体在自身生命历程发展中具有内发式主动性的本质，审视当代青年在网络空间的发展现状，把握具有生命时间特征的青年网络群体发展规律。虽然互联网真正开始风靡是在 20 世纪末，至今还没有一个受互联网影响的完整的个体生命历程可供研究，但是可以纵向比较当今社会青少年群体的网络化发展。《中国未成年人互联网运用报告（2013—2014）》显示：未成年人使用互联网主要以玩游戏、听音乐等娱乐活动为目的，城镇和农村未成年人玩游戏的比例分别为 20.28% 和 19.9%，听音乐的比例分别为 17.47% 和 19.61%；"完成作业""查资料"

等目的选项呈现逐年上升的趋势。[①]2022 年 11 月，共青团中央维护青少年权益部和中国互联网络信息中心发表的《2021 年全国未成年人互联网使用情况研究报告》显示：未成年网民在过去半年中经常利用互联网进行学习的比例达到 88.9%；上网听音乐和玩游戏仍是未成年人主要的网上休闲娱乐活动，占比分别为 63.0% 和 62.3%。这表明未成年人使用互联网的主要目的已经有所变化，逐渐从原先的以休闲娱乐为主转向了现在的以学习为主。这意味着青少年在网络空间将生命的个体意义与作为学生特定社会角色的社会意义相联系的社会化逐渐完成。

根据《2021 年全国未成年人互联网使用情况研究报告》进一步分析未成年人各群体的网络化发展。小学生的互联网普及率相对较低，各类互联网应用的使用比例也均低于未成年网民平均水平。初中生、高中生各类互联网应用的使用比例均高于未成年网民平均水平。数据显示：初中生经常在网上聊天、使用社交网站的比例均高于未成年网民平均水平 15 个百分点以上，经常听音乐、看视频、搜索信息和网上购物的比例也均高于未成年网民平均水平 10 个百分点以上；高中生更倾向于在网上从事购物和社交类活动，他们经常在网上购物、使用社交网站、聊天的比例均超过未成年网民平均水平 23 个百分点以上，且经常在网上学习、听音乐、看动画／漫画、看小说、看新闻等的比例均为各学历段最高。可见，网络越来越成为未成年人成长的重要空间，要保障他们的各项权益，为他们在网络中进行社会参与、成长为成熟的社会人角色保驾护航。

二是强调历史时间和社会结构对个体生命历程发展具有重要影响，回顾当代青年网络化应用的特殊历程，梳理遵循当代青年网络文化特点的社会时间概念。1994 年，我国正式接入国际互联网。21 世纪，我国互联网快速发展并逐渐普及。当代青年的年龄跨度较大，个体网络化发展的社会时间存在着显著群体差异，而且由于我国深刻变化的社会结构以及独具中国特色的发展模式，当代青年网络化发展的社会时间概念尤为复杂。因此，当代青年的互联网成长经历存在着巨大的差异。《2021 年全国未成年

---

① 李文革，沈杰，季为民．青少年蓝皮书：中国未成年人互联网运用报告：2013—2014 [M]．北京：社会科学文献出版社，2014：4.

人互联网使用情况研究报告》显示，未成年人的整体互联网普及率进一步提升，2021 年达 96.8%，显著高于 2006 年第一次对我国未成年人互联网运用状况进行调查得到的数据 85.2%。可见，当代青年正是网络移民和网络原住民的混合体，具有相对复杂的互联网成长经历，如首次触网年龄的城乡差距，2006 年数据显示，相比于我国农村未成年人 68.8% 的触网率，城市未成年人触网率高达 87.9%；触网环境的变迁经历差异以及网吧、家庭光纤、移动互联等给当代青年带来了更迭急剧的网络化生存空间，媒介对成长的影响是逐渐放大的动态变化；触网引导家庭教育反哺，作为数字移民的当代青年在接触互联网的成长过程中打破了传统的家庭教育模式，甚至还形成了一种全新的反哺式教育互动。由此可见，当代青年的网络化发展是一种不断流变、自我调节的社会化，不仅体现出对互联网技术发展的适应变化，还体现了网络化行动具有创造性。

"互联网＋"时代正是人们对互联网思维的创造性实践带来的全新时代，社会生活发生了天翻地覆的变化，互联网打破传统信息限制与技术新壁垒障碍的特点与当代青年视野开阔、思维活跃的特点相契合。青年人极富创造力、想象力的实践活动给予了互联网无穷的新内容，不仅形成了青年社会参与的独特网络文化，还形成了挑战传统产业发展模式的新能量。截至 2022 年 12 月，网络视频（含短视频）在我国互联网应用中的使用率高达 96.5%，仅次于即时通信。

根据以上基于生命历程理论工具的分析，不同年龄段群体的当代青年在网络空间的社会参与程度存在差异。随着人们对青少年网络参与教育的日益重视，当代青年的网络空间社会参与越来越呈现出有限化超越的总体趋势。由此可见，网络空间为当代青年的社会参与提供了卓越的实践训练空间和创造发展空间，是引入大学生社会参与方面素养能力培育的重要教育工具。

第三章　网络化社会与大学生社会性发展的理论基础

第一节　政治社会化——参与式认知发展

法国社会学家路易斯·阿尔巴拉－伯特兰提出，个体的社会化主要是在其生命的最初二十五年中进行的，至于他在公民资格方面的基本取向和基础知识则尤其是在青春期末期和成年初期习得的，教育的介入被认为是具有影响的。他还总结了西方相关研究提出的解释学生政治社会化的三种主要模型（或理论）：参与性模型、发展性模型和复现表象理论。前两种模型的研究已经趋于融合互补，强调学生的智力发展是社会经验的学习、构造和鉴别的认知发展过程，复现表象理论则对其中学习过程的基本认识提供了补充性解释。①社会参与对青少年个体的社会化发展具有重要作用，对社会参与的研究越来越受重视，但对社会参与一直没有形成统一的概念界定。回顾社会参与研究的发展历程会发现，主要有以下两类概念解释的框架。一是参与主体为社会组织或不予明确的研究，主要兴起于20世纪80年代，由发达国家推广的对政府治理多元主体的治理模式研究，提倡让社会参与进来共同承担政府治理工作。这类研究过多地强调参与过程而较为忽略参与主体。二是参与主体为社会

---

① ALBALA-BERTRAND L，张人杰 . 西方关于学生政治社会化的研究：主要的模型和结论 [J]. 外国中小学教育，2000(3): 22-23, 28.

个体的研究，主要围绕所参与的社会活动范围展开讨论。赖特（Wright）将普遍被称为休闲的活动以及志愿性工作和参与协会或组织等活动界定为社会参与。[①] 贝格尔（Berger）特别强调社会参与是对没有政治目的的各种组织、协会的参与，并将公民参与分为社会参与、政治参与和道德参与三个概念。[②] 这与广义上囊括了政治、经济、文化和社会事务等诸多方面的社会参与的概念是相通的。

"网络参与"虽然还没有明确的学术定义，但总结各方定义可得，网络参与指在权利义务范围内借助计算机、通信、网络等技术手段，通过网络发布、在线交互、微平台推送等形式开展意愿表达、利益诉求，参与公共事务的社会活动和行为过程。与传统参与方式相比，网络参与使参与主体的行为意愿表达具有自主、开放、互动、广泛的特点，能够影响公共事务或公共决策。对网络政治参与概念的理解要建立在对政治参与的概念认识之上。国外学者多从网络政治参与和民主及其相互关系方面进行研究。德图佐斯（Dertouzos）认为，网络论坛是有用的，它能让人们表达政治立场，并能让他们井然有序地争论，从而能够成为以电子方式扩大的民主政治的有用工具。[③] 阿尔温·托夫勒（Alvin Toffler）和海蒂·托夫勒（Heidi Toffler）在著作中认为，在网络时代，公民可以直接通过网络向政府发表意见或投票表决，"半直接民主""直接民主"将替代代议制的"间接民主"。[④] 国内学者研究中对网络政治参与所作的界定也多以传统政治参与为参考。刘桂兰、郝继明认为主要存在诸如网络政治交流、网络政治传播、网络政治宣泄、网络政治选举、网络政治结

---

① WRIGHT L K. Mental health in older spouses: the dynamic interplay of resources, depression, quality of the marital relationship, and social participation [J]. Issues in mental health nursing, 1990, 11(1): 49-70.

② BERGER B. Political theory, political science and the end of civic engagement [J]. Perspectives on politics, 2009, 7(2): 335-350.

③ 德图佐斯. 未来的社会：信息新世界展望[M].周昌忠，译.上海：上海译文出版社，1998: 261.

④ 托夫勒 A, 托夫勒 H. 创造一个新的文明：第三次浪潮的政治 [M].上海：生活·读书·新知上海三联书店，1996: 98.

社、网络政治谣言等网络政治参与形态。① 换句话说就是指利用互联网获取政府相关信息，进行网络选举、网络对话和讨论、网络留言建言献策、网络监督检举等一系列政治参与活动。在网络政治参与的方式和途径研究方面，罗迪把青年网络政治参与的方式概括为以下四种：一是利用网络获取、了解政治信息；二是利用网络表达自身政治意见和诉求，探讨现实政治议题；三是利用网络渠道取得与政治领导人、政府机构的对话机会；四是利用网络发起现实的政治运动。②

第二节　媒介素养理论——媒介素养教育

1933 年，英国学者利维斯（Leavis）和汤普森（Thompson）在《文化和环境：培养批判意识》一书中首次提出"媒介素养"的概念。媒介素养的英文原词为 media literacy，literacy 通常被译为"读写能力"，所以媒体素养被引申为具有正确使用媒介和有效利用媒介的能力。在媒介素养研究和教育诞生之后，学者对于媒介素养的定义也不断丰富，典型的定义为人们对各种媒介信息的解读和批判能力以及使媒介信息为个人生活、社会发展所用的能力。经过半个多世纪的演变，媒介素养牵引着媒介素养教育，两者内涵不断扩充，在欧洲、北美洲、大洋洲、南美洲等地区逐渐兴起，媒介素养教育成为一项独立的学科议题得到研究。英国学者莱恩·马斯特曼（Len Masterman）根据英国 20 世纪 30 年代以来大众对媒介的认知和态度的三个转折将媒介素养教育在英国的发展总结为保护精英文化、欣赏流行文化、媒体解构三个阶段。③ 加拿大媒介素养教育之父庞金特（Pungente）提出了媒介素养教育的"八大理念"：媒介

---

① 刘桂兰，郝继明.以社会主义核心价值体系引导网络政治参与 [J].行政与法，2012(8): 42-45.

② 罗迪.青年网络政治参与与政治稳定 [J].中国青年研究，2007(3): 56-59.

③ MASTERMAN L. A rationale for media education [M]. New Brunswick: Transaction, 1997: 15.

是建构的；媒介建构现实；受众选取媒介的过程所代表的隐含意义；媒介总是包含着商业动机；媒介包含意识形态和价值观；媒介包含着政治和社会诉求；媒介的内容与形式紧密相连；媒介具有独特的美学形式。①这"八大理念"得到了广泛认同。始终贯穿这个内容取向的核心词汇是"再现"，即媒介运行机制及其特征是隐藏于信息洪流之后的最值得识别的内容。

接近、利用媒体的权利，即传媒接近权在互联网技术的助推下成为可能，社会上的每一个成员都有传媒接近权。这种权利最大程度地保证了媒介在传播者与受传者之间的均衡关系，形成力量的制衡。因此，"媒介素养教育，从本质而言，最终将是一种公民自我教育，而且是一种终生教育"②。麦克卢汉（McLuhan）提出媒介文化已经把传播和文化凝聚成一个动力学的过程，将每个人都裹挟其中，生活在媒介文化所制造的仪式和景观之中，我们必须"学会生存"。③确切地说，媒体素养教育的宗旨为提高学生理解和欣赏媒体作品的能力，使学生了解媒体如何传输信息、媒体自身如何运作、媒体如何构架现实，以及要求学生具有创作媒体作品的能力。长期以来，各国研究机构与学者结合本国教育需求在批判性媒介研究、新媒介素养等基础上发展出了对媒介素养的不同角度的解读，尤其是 21 世纪以来，由于媒介技术发展的新趋势和社会人力资源发展的新境遇，对媒介素养和媒介素养教育的研究不断丰富与完善。

对大学生媒介素养的研究一般包括以下五大方面的内容：第一，大学生媒介接触情况，包括大学生经常接触的媒介类别、接触和使用媒介的时间、参与媒介活动的主要动机以及媒介消费情况；第二，大学生媒介知识状况，包括对媒介类别的认知、对媒介组织运行规律的了解、对媒介使用知识和媒介制作知识的掌握；第三，大学生媒介意识状况，包

① PUNGENTE J J, DUNCAN B, ANDERSEN N. The Canadian experience: leading the way[J]. Yearbook of the national society for the study of education, 2010, 104(1): 140-160.

② 张明炯. 论公共媒介素养教育 [J]. 宁波大学学报（教育科学版），2005, 27(3): 43.

③ 麦克卢汉. 理解媒介：论人的延伸 [M]. 何道宽，译. 北京：商务印书馆，2000: 46.

括大学生媒介使用意识、大学生媒介判断意识；第四，大学生媒介能力状况，包括媒介信息判断能力、媒介及媒介信息反思能力、媒介及媒介信息的选择与利用能力、如何看待及处理媒介与媒介信息的影响；第五，大学生媒介道德情况，包括大学生对媒介道德规范的认知能力以及媒介道德规范自律行为。结合前期的理论研究，本书中研究的研究假设如下：大学生在不期而至的网络化生存境遇里会将自发的网络化行动上升为自觉的网络化行动研究，大学校园中线上、线下世界融合的实践活动将促使他们在两个客观世界的对象性活动逐步形成统一的规定性，所以这种自发上升自觉的过程有利于大学生自我意识的社会性发展。因此，本书中研究采用的是技术接受模型及其拓展模型，如图 3-1 所示。此模型为戴维斯（Davis）在 1989 年提出，用于解释和预测个体对信息技术的接受和使用。

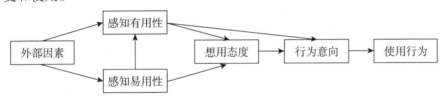

图 3-1　技术接受模型

第四章　大学生社会化概述

当前国内外学术界关于社会化理论、网络社会化理论及大学生社会化理论的研究成果较多，而且研究角度广泛。但是纵观这些研究成果，它们多数存在一些有待深入的共性问题，如对网络环境与大学生社会化互动关系的研究并不是很系统，缺乏实证研究和理论基础。虽然有些国外权威专家的研究值得我们借鉴，但是把西方国家教育理念生搬硬套到我国必然会"水土不服"。因此，要立足本土，充分了解我国大学生特点，在前人研究的基础上结合实证调查，并对调查数据进行实证分析，从思想政治教育层面深入剖析网络环境对大学生社会化的影响，并针对这些影响提出合理的且具有针对性的意见。

第一节　大学生社会化及其内容

社会化是人之为人的必经环节，只有完成了社会化，人才能成为完整的人。衡量大学生社会化是否完成的唯一标准是该大学生能否立足社会，能否为社会贡献力量。然而，大学生的社会化并不是大学生进入大学后就能自动完成和实现的，而是一个自觉自为的过程，离不开主体的选择，也离不开社会环境等方面的影响。大学生要想顺利完成社会化，先要了解什么是社会化，明确社会化的内涵及具体要求，这样才能有方向、有目标地掌握社会规范和社会技能，丰富社会人格。

一、社会化内涵

关于"社会化",《辞海》是这样解释的:"个人参与社会生活,通过交互活动习得知识技能和行为规范,成为一个社会成员的过程,即从自然人发展成为社会人的过程。这一过程贯穿人的一生,一般分为早期社会化(儿童、青少年期)、继续社会化(中年、老年期)和再社会化。"

关于人的社会化本质,马克思对其进行过科学的探讨和阐述,他在1845年创作的《关于费尔巴哈的提纲》中说:"费尔巴哈把宗教的本质归结于人的本质。但是,人的本质并不是单个人所固有的抽象物。在其现实性上,它是一切社会关系的总和。"这个社会关系的总和存在于人的社会实践活动中,是社会实践活动的产物。马克思在《1844年经济学哲学手稿》中又说:"一个种的全部特性、种的类特性就在于生命活动的性质,而人的类特性就是自由的自觉的活动。"德国社会学家齐美尔(Simmel)在1895年《社会学的问题》一文中最早用"社会化"来形容群体的形成问题。至于什么是社会化的问题,1982年,齐格勒(Zigler)在《社会化与个性发展》中认为:"社会化指的是一个过程,通过这个过程,人们成为他们所生活的那个社会的一个有特色的和积极主动的社会成员。"在他看来,社会化不仅社会化自己,还社会化他人。苏联社会心理学家安德列耶娃(Andreeva)在《社会心理学》中认为,社会化是一个两方面的过程,一方面它包括个体加入社会环境、社会关系系统进而接受社会影响、规范、掌握社会经验的过程;另一方面它是个体对社会关系系统积极再生产的过程,它是个体积极活动、积极进入社会环境的结果。

对于人的社会化的涵义,国内外各个学科、各个学者的解释都不尽相同。我国社会学家费孝通认为,社会化是指个人学习知识、技能与规范,取得社会生活的资格,发展自己社会性的过程。[①]美国社会学家罗伯逊(Robertson)也给社会化下过这样的定义:社会化是让人们在社会生活中去学习、领会,并不断发展个性和社会互动。[②]我国学者时蓉华认为

---

① 费孝通. 社会学概论[M]. 天津:天津人民出版社,1984:54.

② 罗伯逊. 社会学:上[M]. 黄育馥,译. 北京:商务印书馆,1990:138.

社会化就是在特定的社会与文化环境中，个体通过内化社会规范和社会技能而形成完整人格去适应社会，其言行举止最终为社会所认可。①

那么，到底什么叫社会化呢？纵观社会化的定义，一般说来，社会化至少包括两个方面的内涵：通过社会实践，学习符合社会要求的知识、技能、习惯，价值观等；个人融入社会环境，使自己成为社会生活中的一分子，由此形成人与人之间的社会关系系统，共同履行社会职责。因此，人的社会化就是个人把社会实践中习得的知识、技能和规范等转化为个人的品格、观念、态度和行为习惯，并不断地丰富和再创造社会生活的过程。对于人的成长来说，人的社会化就是人由量变到质变，又在新质的基础上开始新的量变的全面发展的过程。

二、大学生社会化

青少年在中学阶段参与社会活动的机会较少，因此大学阶段便成了青年学生社会化的重要阶段。要高度重视大学生活，重视大学生社会化。学校要以丰富的校园文化为载体，引导学生不仅深入学习先进的科学文化知识，掌握专业技能，还要深入学习和掌握各种社会规范和生存技能，不断提升学生融入社会、适应社会、服务社会的能力。大学生是青年人中的一个庞大群体，学习能力普遍较强，他们的社会化无疑带有青年时期社会化的普遍特征；但同时由于不同学校、不同家庭成长环境的影响，大学生个体的心理、素质、精神等状态又具有独特性。

对大学生而言，他们的社会化具有特殊的地位和意义，原因是作为一个知识群体，大学生社会化的基础、任务和社会期望都很特殊。学者阚贵频认为，大学生社会化是指大学生以社会影响为主要背景、以高等教育传递为主要媒介，接受社会教化、学习社会文化并通过大学文化这一特有形式影响和作用社会的过程；是大学生在社会角色期待的引导下、在逐步成为独立成熟的社会人和高级专门人才的过程中将认识社会、适

---

① 时蓉华．社会心理学 [M]．杭州：浙江教育出版社，1998：91．

应社会、影响社会、改造社会相统一的过程。①

一个人的社会生活离不开政治秩序、角色扮演、知识技能和道德修养，这四个方面是人之为人的社会基本要求。只有具备了这四个方面的能力和素养，一个人才能成为一个正常的社会人。从这个意义上看，游走在成人社会边缘的大学生群体只有完成政治、角色、知识、道德这四个方面的社会化后，才能顺利成为成人社会中的一分子。也就是说，只有具备了思想的正直性、能力的复合性、知识的运用性和心理的柔韧性，一个大学生才能有效完成社会化进程，顺利承担社会责任。以上四项内容在关系上相辅相成，缺一不可，共同促进大学生社会化。

（一）政治社会化

政治社会化即个人将所学得的政治文化知识灵活地运用于生产实践活动中，并内化为政治行为和意识，以较高的政治素养取得社会体系成员资格的过程。大学生毕业后，有的将成为国家公务员，成为国家行政管理队伍中的一员；有的将成为教师，成为人类灵魂的工程师。大学生如果政治社会化不成功，政治素养不高，政治立场不坚定，政治方向模糊，那么今后不管是在用权还是在育人方面都会出问题。因此，当代大学生的政治社会化能否健康发展在一定程度上关系着我国 21 世纪的政治生态面貌和社会特征。

大学生政治社会化的根本是引导大学生树立正确的社会政治观，端正正确的人生观及社会主义信念。面对时代赋予的挑战，当代大学生必须具备坚定的政治立场和信念，担当起实现中华民族伟大复兴的重任。大学时期是青年政治社会化的重要时期，高校和全社会要引导大学生树立正确的世界观、人生观、价值观，培养其社会责任感和历史使命感。

（二）角色社会化

每个人都在世界舞台上扮演着自己的角色，因此每个人都会经历角色社会化这一过程。大学生也在社会群体中扮演着各种不同的角色，如

---

① 阙贵频.简论人的社会化及大学生社会化的内涵界定[J].经济与社会发展，2007(9): 90-92.

学生、朋友、市民等。要想成功扮演这些角色，大学生不仅要掌握科学文化知识和具备较高的道德修养，还要提高社会交往能力，具有健全人格所具有的行为模式。这也意味着大学生作为受过高等教育的群体，在这些社会规范和社会技能的掌握上应具有更高的层次和觉悟。一般认为，大学生角色的社会化应包括以下三个方面。一是正确认识社会角色。大学生要意识到现在扮演的是积累知识的角色，将来要扮演的是创造价值、对社会作贡献的角色；现在扮演的是消费者的角色，将来要扮演的是生产者的角色；等等。二是合理调节社会角色的期望值。对每一个不同的角色的期望都可以反映出大学生对自己事业的认识和追求的水平，如果认识和追求的水平过低，则会表现为不思进取，反之则会表现为好高骛远。三是提高适应角色变迁的能力。每个人在每个阶段都会扮演不同的角色以赶上社会发展的步伐。我国正处于社会转型期，有很多新问题、新任务摆在眼前亟待解决。大学生应该对当下所处的社会环境有清晰的认识，对自己所扮演的社会角色可能会发生的变化有一定的心理准备，并能及时调整自己的行为举止，以适应整个社会的不断发展。这种不断调适、不断应变的能力就被称为自我再社会化的能力。

在我国高校中，大学生的学习多是以学习本专业知识和技能为主，这就在一定程度上限制了大学生将来对社会角色的担负。为了让大学生毕业后能更好地适应社会环境，高校要大力开展一些社会实践活动，让大学生通过参与多种社会实践活动，增强角色意识，提高相应能力，为将来要承担的社会角色做好准备。

（三）知识技能社会化

大学生学习科学文化知识，培养专业技能，掌握科学研究方法，并在前人的基础上进一步继承和发扬社会文化的过程被称为知识技能社会化。大学是知识和能力储备的重要阶段。正在接受高等教育的大学生应建立完善的知识结构体系，时刻走在科学技术发展前沿。此外，大学生作为青少年中最活跃的群体，其思维活动和创新能力正处于发展巅峰期，这些都为大学生完成知识技能社会化提供了有利条件。然而，大学生走出校园后就会遇到诸多实际问题，如能否把自己从书本中学到的知识灵活运用到工作中，能否提升现有的专业能力，并将其内化为现实工作能力；能否充分挖掘潜在生产力，并将其转化为现实生产力；等等。走出校门的大学生必须以实践回答这些问题。因此，当代大学生知识技能社会化迫切要解决的问题是让大学生尽早达到职业要求。大学生最终都会融入社会活动，成为社会中的成员。如果大学生拥有的知识和能力不能适应社会的发展，就会被社会淘汰。因此，知识技能社会化是大学生社会化的重要课题。

（四）道德社会化

道德社会化就是将社会道德规范内化，并在此基础上形成一套价值标准体系，以此来规范自己行为的过程。青少年处于对道德行为的模仿阶段，进入大学后，他们的道德观念和价值取向逐渐稳定，但同样需要进一步社会化。在大学生道德社会化中，社会责任感是非常重要的一部分。大学生有着强烈的社会责任感，他们积极参加社会公益活动、志愿者服务等，为社会发展和进步贡献自己的力量。大学生社会责任感的形成有助于促进社会的和谐与稳定。大学生的自我意识也是道德社会化中的一个重要方面。大学生拥有强烈的自我意识，他们愿意倾听自己内心的声音，善于发掘自己的优点和不足，希望成长为独立自主的个体。这种自我意识的培养有助于大学生树立正确的人生观、价值观和道德观。

大学生道德社会化进程是个循环往复、充满矛盾和冲突的过程，但从长远来看，大学生道德社会化能对整个社会的道德环境起到净化的作用。

第二节　大学生社会化的意义

学界对网络环境对大学生社会化的影响给予了较多关注。陈灿认为，在网络社会的影响下，传统社会化主题的影响作用越来越弱，网络对大学生社会化的作用越来越强，其主要原因是网络社会所带来的新教育环境是多元化的，革新了传统的单一的教育环境，大学生被网络世界的多元化及趣味性所吸引，其影响程度远远大于学校和家庭。[①]王军在 2006 年发表的文章《网络时代大学生社会化的变化及其对策研究》中着重分析了网络时代大学生社会化的变化，包括社会化由被动变为主动、自我中心与价值观多元化、道德社会化的偏离、心理孤独与信任危机、人格面具化等。杨学芬认为网络环境对青年学生社会化的作用是弊大于利，弊端主要表现在以下几方面：社会对青少年社会化的控制减弱；青少年人生价值观受到网络冲击；网络衍生的"网瘾"引发人格障碍，导致青少年的个性化缺失；信息泛滥，良莠不齐。[②]因此，在肯定网络带来方便的同时，必须直面它的负面影响。高校要充分发挥对大学生的教育功能，在大学生社会化中掌握主动权。李小元在 2009 年发表的文章《网络交往对大学生社会化的影响及其对策》中也针对网络的消极作用进行了讨论，他认为网络交往作为一种新型的交往方式，它的优点是对大学生的自我意识、角色能力等方面的发展起到了促进作用，它的缺点是阻碍了大学生社会适应能力、道德品质等方面的发展。因此，应探求一条网络环境下适合大学生社会化发展的理想之路。

大学生肩负着继承和发扬社会公共文化事业和历史优良传统的重任，正处于社会化的关键时期，其社会化素质高低直接关系到其进入社会后的事业和人生的成败，直接关系到中国特色社会主义事业和中华民族伟大复兴的进程快慢。因此，不管是对于个人还是对于社会来说，大学生社会化都显得尤其重要。

一是大学生社会化与社会参与资格的获得。大学生作为社会主义事业的建设者和接班人，要顺利获得参与社会生活的资格，得到社会的普遍认可，就要在熟练掌握专业知识和技能的基础上培养独立自主意识，以健全的人格和独特的个性走进社会，参与社会生产活动，使自己顺利地完成社会化的转化。对于大学生来说，他们要解决的任务就是完成社会化。这是时代赋予他们的任务，而要解决这个任务，就要具有解决问题、分析问题、处理问题的能力。当代大学生只有掌握了这个能力，才

---

① 陈灿. 网络社会背景下大学生社会化问题浅析 [J]. 黑龙江史志，2013(15): 238.
② 杨学芬. 网络与大学生社会化问题研究 [J]. 商场现代化，2005(15): 207.

能顺应社会、适应社会，才能投身到社会建设中去。大学生要适应时代潮流和社会发展的需要，具有担负历史使命和时代责任的能力。从社会化角度看，这个能力更多是指社会参与的能力，离不开政治、角色、知识技能和道德的社会化。

二是大学生社会化与自我价值的实现。经过大学阶段的学习，大学生掌握了较为丰富的基础知识、专业技能，具有了一定的社会适应能力，但是这并不等于大学生具有了立足社会的能力和技巧。一方面是这些能力并不是社会化的全部内容；另一方面是大学生在校完成社会化的程度是有差别的，有的人程度高，有的人程度低。如果在大学阶段完成社会化的程度不高，大学生就谈不上由"自然人"向"社会人"的过渡，也就难以正常地参与社会实践、在社会中实现自身价值，更无从理解人生的意义，从而难以得到社会的认可，这种挫败感会使他们的身心受到伤害。由于个人价值无法实现，处处碰壁，他们会产生消极情绪，这会对他们后续的社会化产生恶性循环效应。大学生最终要走向社会、立足社会，接受来自社会各方面的挑战，成为合格的社会成员，与社会保持共荣共生的关系，这样才能最大程度地实现自己的价值。因此，大学生要了解社会化的内涵和重要意义，明确社会化的内在要求和社会需求，增强社会化的自觉性、目的性和方向性，不断地改造自我，努力提高自身价值，以迎接来自社会的竞争和挑战，最终实现社会价值和自我价值的统一。

三是大学生社会化与人类文明的传承。高等学府的深厚文化底蕴为大学生营造了良好的学术氛围，使他们能潜心学习和研究，从而增加自己的知识储备，开阔自己的文化视野。毕业后，大学生担负着继承、发扬和创新社会文化的重任。大学生投身社会实践活动，感受社会文化带来的冲击和挑战，不断总结经验和知识，不断丰富和完善自己的人格力量，从而不断创造出新思想、新科技，为人类文化的发展和传承贡献自己的力量。人是社会存在，也是文化存在，受到特定社会文化的熏陶。这个熏陶的过程就是社会化。从文化创造的角度看，所谓社会化，就是人掌握社会文化的过程，社会文化包括风俗习惯、伦理道德、经验知识、艺术文化、科学技术、政策法律、社会制度等，所有这些都是人类在实践中创造的文化结晶。也就是说，社会化就是人类文化的再造过程和传承过程。马克思所说的人的本质是一切社会关系的总和已经表明了人的社会化的重要性。大学生应主动参与到社会文化的创造中来，并在此基础上不断进行创新，成为传承文化的先进力量，这样大学生的社会化才是成功的。

第五章　网络化社会与大学生社会性发展的研究现状

网络化时代的社会认同研究兴起于 20 世纪晚期，互联网和移动通信等新媒体技术的迅猛发展使社会生活大规模网络化，网络为人们带来了越来越广阔的社会空间，深刻影响了城市社会、民族社会乃至全球社会。社会认同在 20 世纪经历了后工业社会转型背景下的研究方向的转变，从个体转向群体乃至社会，终于在网络化时代超越了群体认同论视野，实现了凭借信息交流和网络沟通穿越各种集体边界的真正意义的社会认同。只有实现了没有边界限制的社会联系，才能形成真正意义上的社会认同。网络化时代为社会认同超越自身的边界提供了充分的社会环境和资源利益。

第一节　网络化社会与大学生社会性发展的现有研究

在目前大学生社会生活网络化背景下，以"社会认同"为核心研究对象的研究较少，多以网络化时代为研究语境，对网络对大学生社会化的影响与作用进行研究，近年来该领域的研究成果大致有以下几方面。

一是网络化时代新常态对大学生社会化的影响及对策。近年，各学者多以网络化时代发展新阶段为研究语境，以微时代、自媒体、全媒体为研究背景对网络对大学生社会化的影响及意义进行研究。郭敖鸿、康钢认为大学生处于心理和生理走向成熟期的过渡阶段，自我约束力较弱、社会阅历较浅，在网络社会中易受他人影响，应通过观念引导、提高大学生辨识真假网络信息的能力、积极为大学生营造良好的上网环境等途径为大学生保驾护航。[1] 宋鑫华认为自媒体时代"去中心化"的虚拟组织模式正在冲击和解构大学生政治社会化的传统运行模式，需要建构一套以社会主义核心价值体系为根本的社会化运行体系：国家认同教育是其核心政治内容；虚拟空间与现实平台相统一的实施方式是其基本方式；以教师和学生意见领袖同构为中心的思想政治教育队伍是其主要推动力；法律规范和道德自律相结合的监管体系是其保障机制。[2]

二是网络化时代媒体特性与大学生社会化的相关性研究。近年的研究多着重研究社交媒体使用行为对大学生社会化产生的负面影响，但社交媒体也为促进大学生社会化提供了新的途径。孙明伟通过分析调查数据发现大学生对社交媒体的依赖性、使用社交媒体过程中的匿名性和社交媒体用户间信任度等方面与大学生政治认知和政治情感均存在相关关系，使用社交媒体获取政治信息和进行政治参与与大学生政治认知和政治情感均存在相关关系，但社交媒体使用的便捷性仅与大学生政治认知存在相关关系，社交媒体的信息时效性仅与大学生政治情感存在相关关系。[3] 王琳媛通过分层抽样、等距抽样发现了全媒体发展所产生的政治舆论环境的繁杂、媒体道德的弊端以及境外媒体的滋扰等，这些对我国大学生政治社会化带来了冲击和挑战，亟待加强媒体政治舆论治理和大学生媒体素养培育。[4]

三是网络化时代特定媒体技术对大学生社会化的作用。近年来新媒体技术创新变革了社会生活，微博、微信等基于移动互联技术的新媒体

---

① 　郭敖鸿，康钢.试析对大学生网络利他行为的引导策略 [J]. 学校党建与思想教育，2015(16): 46-47.

② 　宋鑫华. 论自媒体时代大学生政治社会化动态运行机理 [J]. 新闻知识，2015(4): 39-41.

③ 　孙明伟. 社交媒体与大学生政治社会化的相关性研究 [D]. 哈尔滨：黑龙江大学，2014.

④ 　王琳媛. 全球化背景下我国大学生政治社会化研究 [D]. 上海：上海交通大学，2014.

为大学生社会化带来了挑战和机遇。韩磊、赵倩认为微博的迅捷性、信息传递的裂变性易导致大学生政治参与过程的动态变化难以把握，需要国家、社会、高校、家庭、学生自身等多方面形成合力推进并优化微博影响下的大学生政治社会化系统工程。① 宋欣阳调查发现大学生对高校官方微信的关注是建立在自愿、对等、互动的基础上，高校官方微信的特质首先是教育性，其次是服务师生学习和生活，这就支持了一系列高校官方微信"陪伴式"育人的转型策略。②

四是网络化时代大学生社会化特定问题域的研究。近年的研究集中在大学生社会心态的理论辨析和调查分析方面。李俊杰等通过问卷调查发现新媒体能够促使大学生形成积极健康的社会政治心态，也容易使部分学生迷失自我，形成错误的价值观念，亟待以人本主义教育观为指导，创新思政及媒体教育教学方法，培养学生科学系统的政治观，探索实践育人新途径。③ 朱德东、刘鑫认为网络热点事件反映的社会现象和折射的社会问题对即将步入社会的大学生来说具有重要的引导作用，高校思想政治工作者应引导大学生正确运用网络技术，提高信息分析能力；正确看待社会转型期的各种问题；不断推进思想政治教育现代化发展。④

第二节　网络化社会与大学生社会性发展的研究价值

总体上讲，基于网络化时代大学生社会化的研究成果数量很多，但还存在一定的局限性，目前各类研究中的不足在于以下几点。

---

① 韩磊，赵倩.论微博对大学生政治社会化的影响[J].教育探索，2013(9)：122-123.

② 宋欣阳.大学生社会主义核心价值观的"微信陪伴"策略研究：基于上海13所高校官方微信的调研[J].思想理论教育，2015(7)：80-83，111.

③ 李俊杰，王雷，方鹏飞.新媒体影响下90后大学生社会政治心态调查研究[J].重庆邮电大学学报(社会科学版)，2012，24(4)：86-89.

④ 朱德东，刘鑫.利用网络热点事件引导大学生养成良好社会心态[J].重庆工商大学学报(社会科学版)，2015，32(2)：123-128.

一是研究视角的欠缺。目前的研究成果在立意与视角上多缺乏整合性与系统性，导致对一些问题的分析不够深入、全面，从而显得有些庞杂且分散，需要整合。本书研究选定大学生社会生活网络化这一具有现实意义的研究视角，整合了大学生当前真实的生活境域，即现实生活和虚拟生活的双重互动。

二是问题域偏窄。有的研究提出了很好的思路与建议，但缺乏对完整体的构建以及可操作层次的具体研究。分析近年文献可以发现，网络化时代大学生政治社会化研究是当前的研究热点，尤其是对大学生的社会政治心态的研究，但这些研究多缺乏对大学生社会化整体性的把握与协同。社会认同的主体是社会，社会这一主体是通过个体和群体的交往联系而形成的，个体和群体只有进入交往过程，形成交往联系，他们的认同才能汇聚为社会认同。本书以社会认同为核心研究对象，旨在关怀大学生社会化的每一个阶段（个体—群体—社会）。

三是对教育实践的忽视。缺乏对大学生社会化发展过程的系统研究，缺乏对大学生社会生活网络化在教育中的利用及其相互之间互动关系的研究，导致特色理论体系建设缺乏、教育功能弱化。个体和群体只有进入交往过程，形成交往联系，他们的认同才能汇聚为社会认同，因而亟待从对社会现象的静态分析转向对实践论的动态考察，注重事物的运行变化及动态趋势的研究。

网络化社会与大学生社会性发展的研究价值在于以下几点。

一是社会生活网络化发展的时代选择。2023年3月2日发布的第51次《中国互联网络发展状况统计报告》指出，我国网民用网环境持续改善，用网体验不断提升，信息无障碍服务日趋完善，推动互联网从接入普及向高质量发展迈进；物联网创造了更多元的接入设备和应用场景，提升了用户网络使用体验，蜂窝物联网终端应用于公共服务、车联网、智慧零售、智慧家居等领域，海量的新设备接入网络，进一步丰富了数字终端设备和应用场景，持续提升了网民使用体验。由此可见，作为"数字原住民"的大学生无可厚非地进入社会生活网络化进程。

二是现实语境的社会认同矛盾及其出路。我国社会发展变迁过程中，社会矛盾和社会结构也经历了演变。由于网络化时代信息传播速度加快，多元文化价值冲击着尚未形成成熟社会人格和价值观念的青年大学生，给我国高校思想政治教育带来了巨大的挑战。同时网络化时代超越界限的互动式协同为通过以社会表象的形式存在实现社会整合提供了卓越的实践时空，从中寻求应对以上挑战的机遇和途径具有重要的意义。

三是青年大学生社会化发展的价值追求。网络化时代大学生群体的素质判定、社会身份、结构规模等发生了重大变化。党的二十大报告更加强调指出，深入实施马克思主义理论研究和建设工程，加快构建中国特色哲学社会科学学科体系、学术体系、话语体系，培育壮大哲学社会科学人才队伍，加强全媒体传播体系建设，塑造主流舆论新格局；深入开展社会主义核心价值观宣传教育，深化爱国主义、集体主义、社会主义教育，着力培养担当民族复兴大任的时代新人，用社会主义核心价值观铸魂育人，完善思想政治工作体系，推进大中小学思想政治教育一体化建设，坚持依法治国和以德治国相结合，把社会主义核心价值观融入法治建设、融入社会发展、融入日常生活。因此，应健全网络综合治理体系，推动良好网络生态形成。立足于当代大学生社会化发展的实际需求，在培育正确的个体认同观的基础上，超越狭隘的群体认同偏执，引导建构内化社会主义核心价值观的社会认同。这是当前我国高校教育亟待探究和解决的重大理论与现实问题，也是青年大学生社会化发展的价值追求。

鉴于此，本书研究试以社会认同为核心研究对象，通过对大学生群体经济、政治、文化、心理、环境等诸领域的网络化社会活动问题、现状、机制的分析，从理论上丰富和发展社会认同理论的概念内涵，从应用上提高大学思想政治教育实效性和建立长效机制。

现象观察

当前我国大学生的网络化生存进化与其他群体相比较快，大学生已然立于当代汇聚全人类智慧的"互联网+"时代潮头。对大学生在线上、线下世界融合的实践活动进行社会化认同研究，一方面可以透视年轻人在不期而至的网络化生存境遇里，如何将自发的网络化行动上升为自觉的网络化行动研究；另一方面可以考察"互联网+"时代的生力军在与线上、线下世界的对象性实践活动中形成的社会化存在的现实状态。高校校园是大学生进行线上线下融合的生活实践的主要物理空间，大学生在校园里集群，形成了线下生活的共同体，也在校园里探寻线上生活的线下延伸，所以校园承载了他们在线上、线下世界的实践活动，也形成了线上、线下世界融合的独特社会现象。

第六章　网络化社会与大学生社会性发展的研究方法

当代大学生生于经济社会和互联网技术飞速发展的时代，生长在发达的媒介环境中，置身在新媒体的包围之中，对网络这一新兴媒体的参与度和运用度与其他年龄段人群相比呈现出明显的群体性特征。随着手机网络的普及和移动媒体的发展，大学生使用网络更加凸显"移动"与"随时"两大新特征。大学生数字化生存的日常活动摆脱了传统的时空限制，场景的流动性、行为选择的随时性已成为大学生数字化生存的新型生活方式的特点。

本书研究以大学生社会生活网络化发展现象为研究问题域，以网络化与社会适应冲突的矛盾为出发点，在关系实践论的视域下，探讨网络化、社会认同、教育三者之间的互动，从认知、评价和情感三重维度，探讨大学生社会生活网络化对社会认同建构的影响，进而探索教育在大学生社会生活网络化进程中促进社会认同的实践规律，建构内化社会主义核心价值观的社会认同教育体系，推动大学生公民意识教育和大学生社会化发展。其中，笔者对大学生网络社会参与媒介素养现状和高校网络民主平台使用效能进行了调查，了解了当前大学生网络社会参与过程的特点及问题和高校网络民主平台使用效能问题的成因，为高校研究组织大学生进行网络民主参与的媒介素养教育打下了基础。研究重点是通过网络化时代的信息交流和网络沟通，实现了超越集体边界的多元文化社会环境背景下的社会认同，以此为目标建构内化社会主义核心价值观的社会认同教育体系。研究难点是依据社会适应冲突的矛盾热点，遴选大学生社会生活网络化的典型研究现象，从认知、评价和情感三个维度调查分析大学生社会生活网络化对社会认同建构的影响。

第一节　研究思路

目前关于大学生网络民主参与的研究大致分为以下几点。第一，参与现状调查，以求从整体上把握大学生政治参与状况。第二，参与特征研究，通过现状分析其群体性特征——参与关注度淡漠与热衷并存；民主意见表达理性与非理性交织；参政价值取向理想与功利同在；参与效能认知与行为脱节。第三，参与意义及问题研究，综合阐释其带来的正负面影响，倡导高校通过自身积极的影响力引导教育大学生克服负面问题。第四，参与教育引导研究，从宏观层面提出政府主导、学校引导、网络传播、家庭熏陶和学生自管的教育对策。大学生网络民主参与是近年来高等教育研究的热点，但多数研究仍停留在宏观层面，以大学生网络民主参与的媒介素养为主体的研究较少。近年来社交网络平台为大学生提供了广阔的民主参与空间，网络民主参与有助于大学生的政治社会化，有助于大学生塑造独立的政治人格，是高校网络舆情监控的新抓手。高校作为大学生教育的主阵地，亟须对大学生网络民主参与的媒介素养教育展开研究。

根据前面的研究论述，大学校园生活线上、线下世界融合的适应与认同是一个跨学科领域的复杂的研究问题，扎根于具体现实背景中对本研究的问题进行事实解释、关系探索有利于人们进行理解，所以应将质性研究中的个案研究法引入研究中，从具体现实生活情境中探寻可以被观测的大学生网络化生存的实践活动所遭遇的社会适应矛盾，形成本研究问题的调查议题，而后利用量化研究中的问卷调查法，围绕调查议题设计聚焦大学生线上、线下世界融合的适应与认同的调查问题，在个案高校实地开展大样本数据调查，通过统计数据提高对大学校园生活线上、线下世界融合的适应与认同的现实图景解释的准确性。由此看来，混合方法论无疑是最佳的选择。美国混合方法论专家塔沙克里（Tashakkori）

和特德莱（Teddlie）将混合方法论定义为将定性方法和定量方法结合起来应用于研究方法论之中的单一或多阶段的研究。① 在围绕本书所研究的问题，探究特定现象背后的原因及其影响时，质性研究和量化方法各有所长，且可互相补充。

第二节　研究设计

2015 年以来，笔者通过参与式观察的方法考察高校线上、线下世界融合的校园生活，始终保持对本研究问题的敏锐性。通过长期的参与式观察和对本研究问题领域的校园生活现象梳理，按照线上、线下世界之间相互融合的向度，笔者发现大学生在大学校园线上、线下世界融合的实践活动情境一般有以下两种：一是校园生活向线上世界融合，即由教育教学、学生管理、后勤服务等职能机构通过自主开发或嵌入热点社交网络平台，将线下的日常教学管理工作融入网络空间。这种由高校主导、自上而下的融合机制往往推行阻力较小，但满足了学生的基本需求后，他们参与其他活动的主动性和积极性就较低。二是线上世界向校园生活融合，即由大学生通过日常网络应用习惯将社会生活网络化延伸到校园物理空间。这种以学生为主体、自下而上的融合趋势满足了个体社会化发展的一部分实践空间需求，但由此带来的教育管理问题已经对高校形成了一种"倒逼"态势。结合高校教学管理的网络化应用程度和大学生网络生活的校园生活现象，笔者进一步用质性研究的归类分析方法分别对以上两种实践情境的类别进行多级编码归纳，如表 6-1 所示。

---

① 塔沙克里，特德莱. 混合方法论：定性方法和定量方法的结合 [M]. 唐海华，译. 重庆：重庆大学出版社，2010.

表6-1　大学生校园线上、线下世界融合的实践活动类别

主要分类	一级分类	二级分类		分类平台或事例
校园生活向线上世界融合（学校主导、自上而下）	嵌入式学校媒体的网络参与	组织机构维度	网络平台维度	学校官方微博、团学微信公众平台、班级QQ群
	独立式学校平台的网络参与	党务管理机构	网站	校长书记信箱、学生选课系统、易班
		行政管理机构	微信	
		教学管理机构	微博	
		教辅管理机构	抖音	
		群团学生组织	直播平台	
线上世界向校园生活融合（学生主体、自下而上）	基础网络应用（满足社会交往需求）	即时通信		学校贴吧、学校红叶论坛
		搜索引擎		
		网络新闻		
	商业网络应用（满足基本生活需求）	网络购物		共享单车、外卖送餐、快递配送的校园治理
		网上外卖		
		网络出行		
		网络支付		
	娱乐网络应用（满足精神文化需求）	网络音乐		宿舍网游成瘾、校园网络创作
		网络文学		
		网络游戏		
		网络视频		
		网络直播		

一、校园生活向线上世界融合

校园生活向线上世界融合的实践活动是以校方为主导，以学校日常

教学管理目标为主旨，以学校各级组织机构在教育教学、学生管理、后勤服务等方面自主开发、建设的网络信息化平台为大学生网络参与的主要信息载体，是一种自上而下的推行机制。通常这一类的线上线下融合的参与实践在大学生群体中阻力较小、学生适应性较强，但在满足了日常学习、生活的基本需求之后，学生的网络参与积极性不高，所以学校还依托大学生日常热衷的社交网络平台进行建设，建设内容主要集中于宣传教育方面的媒体资讯，为大学生的参与提供了半开放式的新媒体空间。

二、线上世界向校园生活融合

大学生线上世界向校园生活融合的实践活动是以大学生为主体，以他们日常使用网络应用的习惯为中心，更加全面地观察当代大学生从基本生活到社会交往，再到精神文化的一般化网络参与图景，顺着这些线索就能将大学校园里相对应的线下融合的物理时空联系起来。线上世界向校园生活渗透的主动权掌握在大学生手中，学校失去了主导的优势地位，是一种自下而上式的融合需求样态，目前学校也只在少部分的大学生线上世界向校园生活融合的实践活动中发挥作用。

针对上述两大类大学生线上、线下世界融合的实践活动情境，紧密结合研究期间高校发生的与本研究问题相关的校园事件，笔者选定了四个研究议题，分别为团学微信公共平台、校长书记信箱、网络传播自由以及外卖送餐和快递配送校园治理，作为研究问题的观测点进行下一步的深入研究，具体表现在：通过隐蔽式记录收集高校在团学微信公众平台和校长书记信箱的相关资料，包括学校管理制度、文件会议、平台数据等，分析描述大学生在学校生活向线上世界融合的网络参与体验与特点；通过隐蔽式记录和问卷调查方法收集高校大学生对网络传播自由、外卖送餐和快递配送的校园治理等线上世界向校园生活融合的冲突性问题的认同数据，进一步研究大学生对线上、线下世界融合的适应与认同的影响因素。如表6-2所示。

表 6-2 大学生对线上、线下世界融合的适应与认同研究设计框架

实践情境	实践类别	议题或事件	研究方法	研究目标
校园生活向线上世界融合	嵌入式学校媒体的网络参与	团学微信公众平台使用效能	公众平台问卷调查和数据挖掘	描述大学生对学校媒体、平台的使用体验
	独立式学校平台的网络参与	校长书记信箱使用效能	平台数据挖掘	
线上世界向校园生活融合	基础网络应用	网络传播规范对公共生活影响问题	问卷调查	大学生对融合实践活动中的冲突认知及适应的影响分析
	商业网络应用	外卖送餐、快递配送的校园治理问题		

大学生在线上、线下世界融合的校园生活中开展的对象性实践活动已经上升为自觉的网络化行动研究：大学生在学校主导的线下世界向线上融合的网络参与中已经形成相对成熟的自适应实践模式，根据不同的媒体平台特点形成了不同的网络化思维处理模式，这都对大学生的社会性发展具有一定的作用；在以大学生为主体的线上世界向线下融合的校园生活中，大学生对学校的认同感会随着实践活动的进行而不断提升，但其中的内外自我意识却存在着差异，而且不同群体属性的学生之间也存在着差异，尤其是与社会民主身份有关的群体属性影响较大，这些都反映了在线上、线下世界融合的校园生活中大学生的社会性发展的现状。

本书从调查入手，选取广西不同区域高校，调查大学生网络民主参与过程中媒介素养情况和高校网络民主平台使用效能，分析媒介素养缺失原因，为理论研究提供实证资料；宏观掌握区内大学生网络民主参与媒介素养现状及高校网络民主平台使用效能情况，为分析对策提供实证支撑，统筹宏观、微观层面的大学生网络民主参与问题及原因，提出高校开展大学生网络民主参与的媒介素养教育的对策。

第七章　大学生社会生活网络化对社会认同的影响

立足当代大学生社会化发展的实际需求，在培育正确的个体认同观的基础上，超越狭隘的群体认同，引导建构内化社会主义核心价值观的社会认同是当前我国高校教育亟待探究和解决的重大理论与现实问题，也是青年大学生社会化发展的价值追求。笔者依据社会适应冲突的矛盾热点，遴选大学生社会生活网络化的典型现象，从认知、评价和情感三个维度调查分析大学生社会生活网络化对社会认同建构的影响。

第一节　个案高校的质性观察

本研究的个案是一所地方本科高校——玉林师范学院。该校地处广西东南部的玉林，是一所含本科教育、高职教育、成高教育和留学生教育，具有教师教育特色的综合性本科院校。学校设有16个二级学院，涵盖了经济学、法学、教育学、文学、历史学、理学、工学、管理学、农学、艺术学等10门学科，有64个普通本科专业。玉林师范学院的发展与地方经济社会发展结合得十分紧密，所培养的人才辐射桂东南地区各行各业，学校坚持"下得去，留得住，有作为"的人才培养理念，形成了以义务教育师资为主的应用型高级专门人才培养的鲜明特色。目前学校坚持"师范性、地方性、应用型"的办学定位，以建成"国内知名、区内领先，以教师教育为特色的高水平地方应用型大学"为目标。

由于本研究将大学校园生活中线上、线下世界融合的冲突作为主要现实生活情境，出于对可能影响本研究的因素的复杂性的考虑，本书研究所选定的个案高校地处欠发达地区，学校所在城市也非当地中心城市，且在很长一段时间内该校是当地唯一的一所本科院校，大学生在校园外的社会互动和交往与其他高校相比较为简单；虽然学校分为两个校区，但大学生校园生活的各项功能在物理空间内是相对集中的。此外，由于许多线上、线下世界融合的冲突应对措施是校方主导制定的相关管理制度、规定，此类高校在推行适应性管理措施时往往会结合发达地区高校的成功经验，从而能够有效控制研究问题中管理制度调适会引发的系列复杂影响，为本研究的系列假设提供了较好的样本总体。

根据调研目的，笔者设计了以下四个议题调查问卷。一是网络传播对公众政治生活的影响：网络交互的自由性与社会意识形态的规范化之间的矛盾；大学生互动表达的网络化与社会基本规范之间的冲突。二是网络消费对线下生活秩序的影响：大学生点外卖的用餐习惯与学校校园文明管理之间的冲突；大学生网络购物物流服务需求与学校校园文化管理之间的矛盾。三是对现实生活环境的认同：大学生对学校领导决策的态度；大学生对反映意见途径的选择。四是对媒体网络的认同：大学生使用媒体网络的频率；网络活动对大学生社会化的影响。调查样本基本情况如表7-1所示。

表 7-1　调查样本基本情况

变　量	属　性	数　量	百分比	变　量	属　性	数　量	百分比
性别	男	285	20.96%	政治面貌	中共党员（含中共预备党员）	119	8.75%
	女	1075	79.04%		共青团员	1202	88.38%
年级	一年级	146	10.73%		群众及其他	39	2.87%
	二年级	668	49.12%	专业类别	工科	76	5.59%
	三年级	377	27.72%		理科	342	25.15%
	四年级	169	12.43%		文科	938	68.97%
	研究生	0	0		医科	4	0.29%
担任职务	普通学生	685	50.37%				
	班、社团学生干部	397	29.19%				
	学院、学校学生干部	278	20.44%				

此次问卷样本中研究生数量为 0，所以本章图中数据均不涉及研究生。

一、描述性统计结果

在"网络传播对公众政治生活的影响"调查中发现，约 60.15% 的大学生表示"知道在网络空间上有各级有关部门的网络舆情监控"，但仍然有约 39.85% 表示不清楚或完全不知道；约 33.97% 的大学生表示"网络舆情监控干涉了自己的线上交互自由"，约 45.36% 表示没怎么干涉；但是约 83.46% 的大学生表示"社会的安全稳定需要网络舆情监控制度"，如图 7-1 所示。约 34.26% 的大学生表示"网络舆情监控使其不再乐于进行网络传播活动"，约 31.98% 则表示不会受影响，但约 33.75% 的大学生表示自己还不清楚是否会影响；只有约 54.93% 的大学生表示"发现危害社会安全稳定的网络信息会向有关政府部门反馈",如图 7-2 所示。

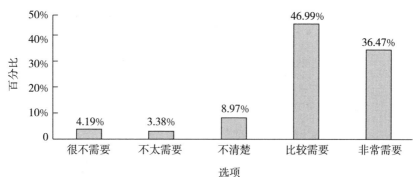

图 7-1 "您认为社会的安全稳定需要网络舆情监控制度吗？" 调查结果

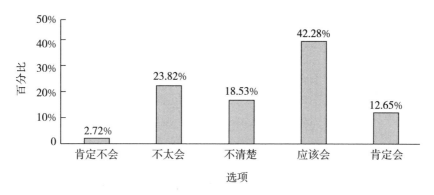

图 7-2 "您发现危害社会安全稳定的网络信息会向有关政府部门反馈吗？"
调查结果

在网络消费对线下生活秩序的影响调查中发现，约 73.75% 的大学生表示知道学校禁止外卖送餐进校园；但是约 57.5% 的大学生表示"学校禁止外卖送餐进校园影响了自己的用餐服务"，只有约 38.09% 表示不影响；只有约 25.81% 的大学生表示"学校的安全文明环境需要禁止外卖送餐进校园的规定"，约 58.97% 表示不需要，如图 7-3 所示。约 40.73% 的大学生表示"虽然学校禁止外卖送餐进校园但仍然热衷于网络订餐服务"，还有约 20.96% 表示不清楚；只有约 13.82% 的大学生表示"发现违反规定送外卖进校园的现象会向学校有关部门反馈"，约 66.91% 表示不会反馈，如图 7-4 所示。

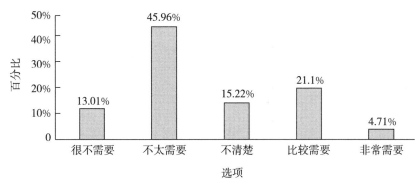

图 7-3　"您认为学校的安全文明环境需要禁止外卖送餐进校园的规定吗？"
调查结果

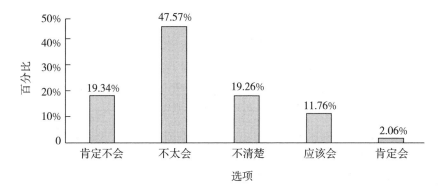

图 7-4　"您发现违反规定送外卖进校园的现象会向学校有关部门反馈吗？"
调查结果

约 74.34% 的大学生表示知道学校规定集中配送快递；约 46.54% 的大学生表示"学校规定集中配送快递影响了自己收发快递"；约 60.15% 的大学生认为"学校的安全文明环境需要规定集中配送快递"，其他表示不清楚或不需要；约 68.97% 的大学生表示"虽然学校规定集中配送快递但仍然热衷于网络购物"；约 50.22% 的大学生表示"发现违反规定没有集中配送快递的现象不会向学校有关部门反馈"，约 26.99% 的大学生表示不清楚，只有约 22.8% 的大学生表示"发现违反规定没有集中配送快递的现象会向学校有关部门反馈"，如图 7-5 所示。

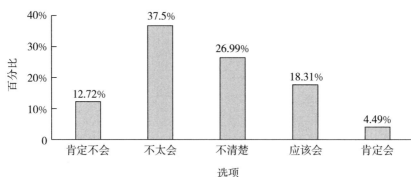

图 7-5　"您发现违反规定没有集中配送快递的现象会向学校有关部门反馈吗？"调查结果

在对现实生活环境的认同调查中发现，约 42.57% 的大学生表示"学校不会关心像我这样的学生反映的意见"，约 39.63% 表示有些会关心，还有约 17.79% 表示会关心；约 31.21% 的大学生表示"觉得学校做的决策不会在乎学生的感受"，但有约 67.79% 的大学生觉得会在乎；约 73.75% 的大学生表示"觉得学校的管理非常复杂，不是一般学生可以了解"；当被问及"如果有意见要反映会首选向谁反映"时，约 29.04% 的大学生表示"向老师反映"，约 27.57% 表示"向同学或家长倾诉"，约 23.68% 表示"找学校有关部门"，如图 7-6 所示。

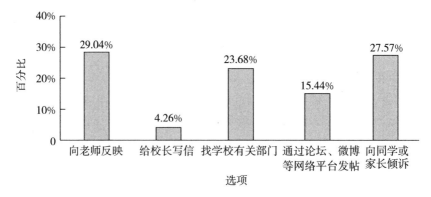

图 7-6　"如果您有意见要反映会首选向谁反映？"调查结果

在对媒体网络的认同调查中发现，约 84.56% 的大学生表示"每天都会使用到媒体网络"；约 49.64% 的大学生表示"媒体网络在日常生活的覆盖面越大越好"，也有约 30.88% 的大学生表示不清楚；约 42.42% 的大学生表示"学校为自己养成网络生活习惯提供了相应校园服务保障"，也有约 32.94% 的大学生表示不清楚；约 55.81% 的大学生表示"网络活动体验影响了自己对社会的认知"，也有 20.29% 的大学生表示不清楚，还有约 7.06% 的大学生表示完全没有影响，如图 7-7 所示。约 52.94% 的大学生表示"网络活动体验影响了自己对社会的认同"，约 20.07% 表示不清楚，约 8.9% 表示完全没有影响，如图 7-8 所示。

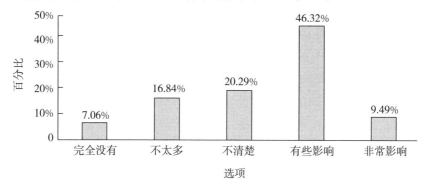

图 7-7　"您觉得网络活动体验影响了自己对社会的认知吗？"调查结果

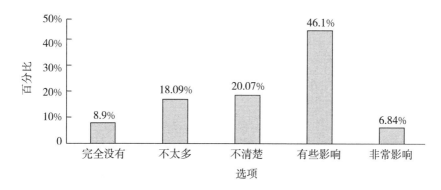

图 7-8　"您觉得网络活动体验影响了自己对社会的认同吗？"调查结果

二、相关性统计分析

（一）政治面貌相关性分析结果

通过相关分析检验人口学属性对大学生社会生活网络化的影响，在政治面貌的相关分析结果中可以发现，政治面貌和"发现违反规定没有集中配送快递的现象会向学校有关部门反馈"题项之间的相关系数值为0.203，并且$p=0.013$呈现出0.05水平的显著性，说明政治面貌和"发现违反规定没有集中配送快递的现象会向学校有关部门反馈"题项之间有着显著的正相关关系，如图7-9所示；政治面貌和"学校会不会关心像我这样的学生反映的意见"题项之间的相关系数值为–0.260，并且$p=0.001$呈现出0.01水平的显著性，说明政治面貌和"学校会不会关心像我这样的学生反映的意见"题项之间有着显著的负相关关系，如图7-10所示；政治面貌和"学校做的决策会不会在乎学生的感受"题项之间的相关系数值为–0.204，并且$p=0.012$呈现出0.05水平的显著性，说明政治面貌和"学校做的决策会不会在乎学生的感受"题项之间有着显著的负相关关系，如图7-11所示。

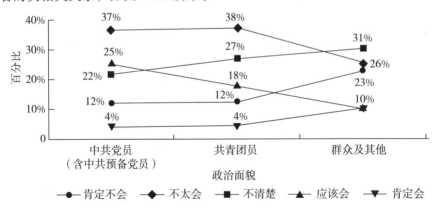

图7-9　政治面貌和"发现违反规定没有集中配送快递的现象
会向学校有关部门反馈"题项的相关关系

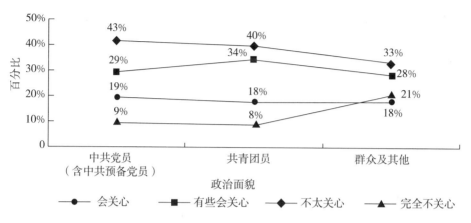

图 7-10　政治面貌和"学校会不会关心像我这样的学生反映的意见"
题项的相关关系

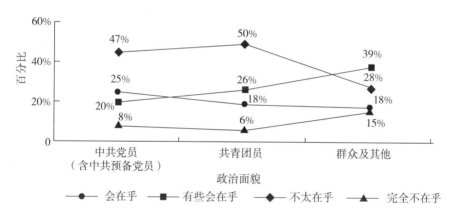

图 7-11　政治面貌和"学校做的决策会不会在乎学生的感受"题项的相关关系

　　政治面貌和"会不会觉得学校的管理非常复杂，不是一般学生可以了解"题项之间的相关系数值为 0.163，并且 $p=0.046$ 呈现出 0.05 水平的显著性，说明政治面貌和"会不会觉得学校的管理非常复杂，不是一般学生可以了解"题项之间有着显著的正相关关系，如图 7-12 所示；政治面貌和"如果您有意见要反映会首选向谁反映"题项之间的相关系数值为 −0.218，并且 $p=0.007$ 呈现出 0.01 水平的显著性，说明政治面貌和"如果您有意见要反映会首选向谁反映"题项之间有着显著的负相关关系，如图 7–13 所示；政治面貌和"虽然有网络舆情监控但您仍然乐于进行网络传播活动"题项之间的相关系数值为 0.169，并且 $p=0.039$ 呈现出 0.05 水平的显著性，说明政治面貌和"虽然有网络舆情监控但您仍然乐于进行网络传播活动"题项之间有着显著的正相关关系，如图 7–14 所示。

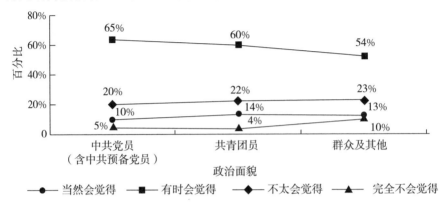

图 7-12　政治面貌和"会不会觉得学校的管理非常复杂，不是一般学生可以了解"题项的相关关系

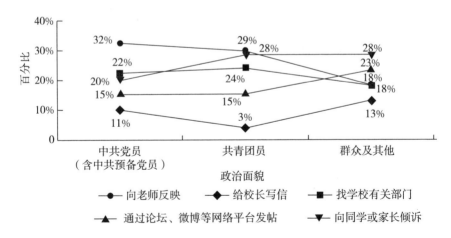

图 7-13　政治面貌和"如果您有意见要反映会首选"题项的相关关系

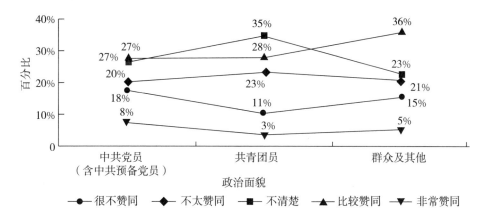

图7-14 政治面貌和"虽然有网络舆情监控但您仍然乐于进行网络传播活动"题项
的相关关系

政治面貌和"学校的安全文明环境需要禁止外卖送餐进校园的规定"
题项之间的相关系数值为 –0.173，并且 $p=0.034$ 呈现出 0.05 水平的显著性，
说明政治面貌和"学校的安全文明环境需要禁止外卖送餐进校园的规定"
题项之间有着显著的负相关关系，如图 7-15 所示；政治面貌和"学校会不
会关心像我这样的学生反映的意见"题项之间的相关系数值为 0.221，并且
$p=0.006$ 呈现出 0.01 水平的显著性，说明政治面貌和"学校会不会关心像我
这样的学生反映的意见"题项之间有着显著的正相关关系，如图 7-16 所示。

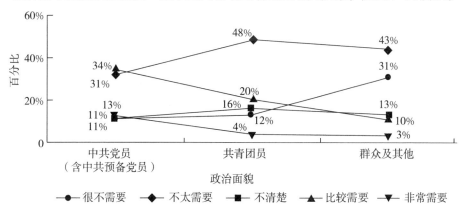

图7-15 政治面貌和"学校的安全文明环境需要禁止外卖送餐进校园的规定"题项
的相关关系

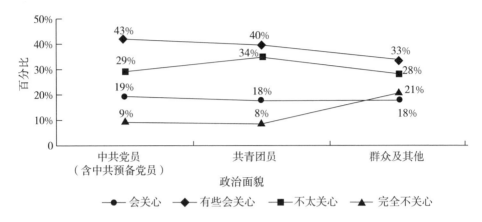

图 7-16　政治面貌和"学校会不会关心像我这样的学生反映的意见"题项的相关关系

（二）年级相关性分析结果

在年级的相关分析结果中可以发现，年级和"发现危害社会安全稳定的网络信息会向有关政府部门反馈"题项之间的相关系数值为 0.165，并且 $p=0.044$ 呈现出 0.05 水平的显著性，说明年级和"发现危害社会安全稳定的网络信息会向有关政府部门反馈"题项之间有着显著的正相关关系，如图 7-17 所示；年级和"学校规定集中配送快递影响了自己收发快递"题项之间的相关系数值为 -0.191，并且 $p=0.019$ 呈现出 0.05 水平的显著性，说明年级和"学校规定集中配送快递影响了自己收发快递"题项之间有着显著的负相关关系，如图 7-18 所示；年级和"学校的安全文明环境需要规定集中配送快递"题项之间的相关系数值为 -0.214，并且 $p=0.009$ 呈现出 0.01 水平的显著性，说明年级和"学校的安全文明环境需要规定集中配送快递"题项之间有着显著的负相关关系，如图 7-19 所示；年级和"如果您有意见要反映会首选向谁反映"题项之间的相关系数值为 -0.166，并且 $p=0.042$ 呈现出 0.05 水平的显著性，说明年级和"如果您有意见要反映会首选向谁反映"题项之间有着显著的负相关关系，如图 7-20 所示。

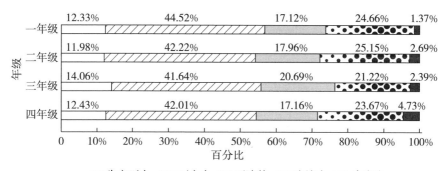

图 7-17　年级和"发现危害社会安全稳定的网络信息会向有关政府部门反馈"题项的相关关系

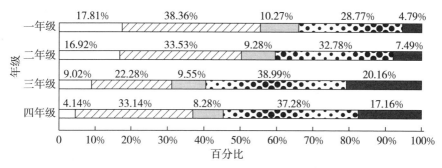

图 7-18　年级和"学校规定集中配送快递影响了自己收发快递"题项的相关关系

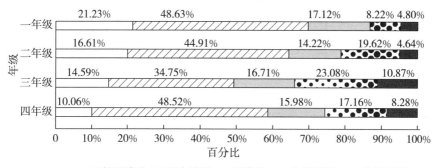

图 7-19　年级和"学校的安全文明环境需要规定集中配送快递"题项的相关关系

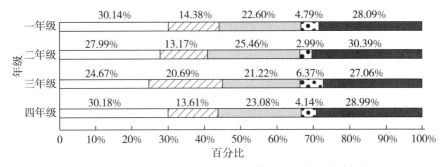

图 7-20 年级和"如果您有意见要反映会首选向谁反映"题项的相关关系

（三）专业相关性分析结果

在专业的相关分析结果中可以发现，专业和"发现违反规定送外卖进校园的现象会向学校有关部门反馈"题项之间的相关系数值为 -0.179，并且 $p=0.028$ 呈现出 0.05 水平的显著性，说明专业和"发现违反规定送外卖进校园的现象会向学校有关部门反馈"题项之间有着显著的负相关关系，如图 7-21 所示；专业和"学校规定集中配送快递影响了自己收发快递"题项之间的相关系数值为 -0.244，并且 $p=0.003$ 呈现出 0.01 水平的显著性，说明专业和"学校规定集中配送快递影响了自己收发快递"题项之间有着显著的负相关关系，如图 7-22 所示；专业和"学校的安全文明环境需要规定集中配送快递"题项之间的相关系数值为 -0.223，并且 $p=0.006$ 呈现出 0.01 水平的显著性，说明专业和"学校的安全文明环境需要规定集中配送快递"题项之间有着显著的负相关关系，如图 7-23 所示；专业和"发现违反规定没有集中配送快递的现象会向学校有关部门反馈"之间的相关系数值为 -0.206，并且 $p=0.012$ 呈现出 0.05 水平的显著性，说明专业和"发现违反规定没有集中配送快递的现象会向学校有关部门反馈"之间有着显著的负相关关系，如图 7-24 所示。

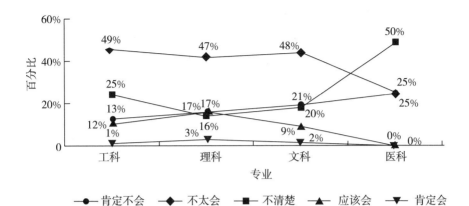

图 7-21　专业和"发现违反规定送外卖进校园的现象会向学校有关部门反馈"题项的相关关系

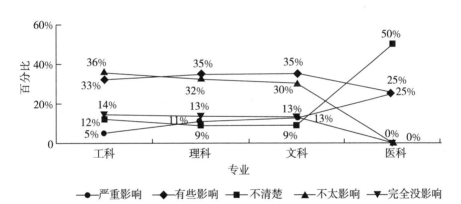

图 7-22　专业和"学校规定集中配送快递影响了自己收发快递"题项的相关关系

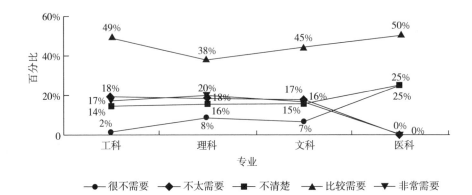

图 7-23 专业和"学校的安全文明环境需要规定集中配送快递"题项的相关关系

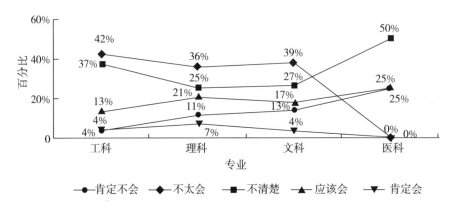

图 7-24 专业和"发现违反规定没有集中配送快递的现象会向学校有关部门反馈"
的相关关系

第二节　大学生在线上、线下世界融合的自我意识水平

　　自 2010 年以来个案高校发生多起在校大学生网络传谣、网络受骗等安全事件，所以玉林师范学院于 2013 年正式将"大学生网络安全文明教育"纳入新生入学教育体系；2014 年，建设菜鸟驿站，集中配送进入校园的快递，对学校宿舍区的快递配送问题进行整治；2015 年，提出"严

禁外卖入校园"的校园综合整治管理规定，通过禁止三种车辆在校园的使用进一步治理外卖送餐引起的校园治理问题，并且前后对学校三个食堂进行重新招标、装修、整改。2015年，笔者以网络传播自由、外卖送餐和快递配送的校园治理问题为议题事件设计了调查问卷，主要分析人口学影响因素的相关性。通过随机教学班级线下集中调查和重点群体行政力量推送调查的网络问卷调查方式，回收问卷1363份，其中有效问卷1360份。随机教学班级线下集中调查是指在全校随机选取跨学院、跨专业、跨年级自由选修的公选课课程，在课间休息时间进入教室组织学生开展网络问卷调查；重点群体行政力量推送调查是指结合学校开展校园综合整治工作的时间节点，设定二、三年级学生是线上、线下世界融合的校园生活治理冲突与适应感知较强的重点调查群体，所以通过学校团学工作队伍向这部分学生群体进行了网络调查推送。问卷调查的样本分布见表7-2。

表7-2 问卷调查的样本分布（N=1360）

变 量	属 性	比 例	变 量	属 性	比 例
性别	男	20.96%	政治面貌	中共党员（含中共预备党员）	8.75%
	女	79.04%		共青团员	88.38%
年级	一年级	10.74%		群众及其他	2.87%
	二年级	49.12%	专业类别	工科	5.59%
	三年级	27.72%		理科	25.15%
	四年级	12.42%		文科	68.97%
担任职务	班、社团学生干部	29.19%		医科	0.29%
	院、校学生干部	20.44%			
	普通学生	50.37%			

一、认同存在内外规定的不一致

调查研究主要变量的描述性统计分析结果如表 7-3 所示。整份调查问卷的信度系数 α 为 0.699，大学生对线上、线下世界融合的校园生活治理整体认同感平均值为 74.45，说明个案高校的大学生对学校规范线上、线下世界融合冲突事件的校园治理工作整体比较认同。分析大学生对具体事件情境下、一般状态下（缺失值状态）和自我感知的三个层次认同感偏度统计值（负偏态值逐层递增），可以发现大学生认知网络参与影响的认同感最强，对学校管理的认同感在具体事件情境中和一般状态下不一致，在具体事件情境中的认同感较弱。

表 7-3　描述性统计分析结果（N=1360）

认同感	信度系数 α	极小值	极大值	均值	标准差	偏度	峰度
整体认同感	0.699	44	106	74.45	8.409	-0.209	0.599
具体事件情境认同感	0.635	24	68	44.95	6.173	-0.202	0.362
对网络传播规范认同感	0.416	5	23	16.10	2.613	-0.371	0.826
对外卖送餐校园治理认同感	0.595	5	23	13.39	3.210	0.146	-0.220
对快递配送校园治理认同感	0.507	6	23	15.46	3.062	-0.232	-0.052
一般状态下认同感	0.522	7	22	15.24	2.453	-0.359	0.502
认知网络参与影响认同感	0.626	4	20	14.26	2.861	-0.592	0.649

二、认同随实践的发展不断提升

表 7-3 显示，学生对外卖送餐不能入校园的学校管理规定的认同感出现了正偏态，而具体事件情境中的其他两项认同感均为负偏态。对比外卖送餐和快递配送的校园治理可以发现，个案高校是于 2014 年开始实施快递集中配送管理规定，而禁止外卖入校园的治理规定是于 2015 年开始实施的。本研究的调查也是于 2015 年开展的，所以学生经过一年的适

应，对于快递集中配送的管理认同感更强。且该校 2016 年"书记校长信箱"官方平台收到的来信中没有一条是有关快递的建议，却出现了关于禁止外卖入校园的建议，如"禁外卖引起许多问题，会有学生使用大功率电器在宿舍煮食，泡面需要的开水也会使用热水器烧，希望学校可以在各个宿舍楼多加几个公共热水器，毕竟冬天也快到了"；同期来信中关于学生食堂的建议在具有明确空间指向的来信中占比约 6.34%，包括对食堂卫生环境、员工素质、菜品价位等方面的建议。

三、认同的多样化群体属性差异

表 7-4 是对五个控制变量同时进行多重回归分析的结果，从表中可以发现五个变量均与大学生线上、线下世界融合的校园生活认同感存在显著的相关性，其中性别、年级、政治面貌和担任职务四个控制变量均达到 0.01 的显著性水平，专业类别控制变量达到 0.05 的显著性水平；五个控制变量对具体事件情境中、一般状态下的认同感均达到了显著性相关水平，但只有性别对认知网络参与影响的认同感达到了 0.1 的显著性相关水平，其他控制变量的相关性都不显著。在同等情况下，女同学的认同感比男同学的强；理工科学生的认同感比文科学生的强；按政治面貌分，学生党员的认同感最强，其次是团员；按年级分，一年级学生的认同感最强，三年级学生的认同感最弱；按担任职务分，担任院、校学生干部的学生认同感最强，担任班、社团学生干部的学生认同感最弱。如表 7-5 所示。

表 7-4　多重回归分析结果（N=1360）

变量	整体认同感	具体事件情境的认同感	一般状态下的认同感	认知网络参与影响的认同感
性别	0.076***（0.407）	0.068***	0.046**	0.037*
年级	−0.99***（0.841）	−0.097***	−0.106***	0.008
专业类别	−0.047**（0.590）	−0.054**	−0.048**	0.020
政治面貌	−0.088***（0.336）	−0.098***	−0.054**	−0.001

续 表

变量	整体认同感	具体事件情境的认同感	一般状态下的认同感	认知网络参与影响的认同感
担任职务	0.087***（0.787）	0.074***	0.099***	0.013

注：1.***、**、* 分别表示 0.01、0.05、0.1 的显著性水平。

2.括号内为标准误差。

表7-5 控制变量各值的描述性统计分析结果

变 量	属 性	均值	标准差	变 量	属 性	均值	标准差
性别	男	73.21	10.02	政治面貌	中共党员（含中共预备党员）	76.00	9.85
	女	74.78	7.90		共青团员	74.42	8.14
年级	一年级	76.78	8.85		群众及其他	70.49	108.52
	二年级	74.85	7.97	专业类别	工科	75.16	7.72
	三年级	72.85	8.89		理科	74.95	9.29
	四年级	74.41	8.39		文科	74.25	8.08
担任职务	普通学生	74.02	8.40		医科	65	12.62
	班、社团学生干部	73.95	8.30				
	学院、学校学生干部	76.21	8.40				

四、认同受社会民主身份的影响

表7-4 中年级、专业类别、政治面貌是负相关，性别和担任职务是正相关，与表7-5对控制变量各值的描述性统计分析结果进行对比可以发现，各年级没有完全呈现负相关变化，从三年级到四年级出现了正相关变化；担任职务级别也没有完全呈现正相关变化，从普通学生到班、

社团学生干部出现了负相关变化。表 7-6 是对三、四年级其他四个控制变量进行逐步回归分析的结果，政治面貌与三、四年级学生线上、线下世界融合的校园生活认同感都存在显著性相关，担任职务与三年级学生认同感也存在显著性相关。对比三、四年级学生的回归分析结果可得，担任职务与四年级学生认同感的相关不显著导致了从三年级到四年级出现与样本总体相反的相关变化。

表 7-6　三、四年级回归分析系数

年级	控制量	B	t	Sig.
四年级	常量	79.573	34.158	0.000
	性别	0.017	0.221	0.825
	专业	0.010	0.137	0.891
	担任职务	−0.028	−0.349	0.727
	政治面貌	−0.926	−2.302	0.023*
三年级	常量	80.576	40.402	0.000
	性别	0.087	1.704	0.089
	专业	0.029	0.575	0.566
	担任职务	1.692	2.403	0.017*
	政治面貌	−3.164	−2.832	0.005**

注：*，在 0.05 水平上显著；**，在 0.01 水平上显著

表 7-7 是对不同职务进行逐步回归分析的结果，对普通学生和班、社团学生干部而言，性别和年级与他们的线上、线下世界融合的校园生活认同感存在显著性相关，政治面貌与班、社团学生干部的线上、线下世界融合的校园生活认同感也存在显著性相关。对比普通学生和班、社团学生干部的回归分析结果可得，政治面貌与班、社团学生干部认同感的相关显著导致了从普通学生到班、社团学生干部出现与样本总体相反的相关变化。

表7-7 担任职务回归分析系数

担任职务	控制变量	非标准化系数		标准系数	t	Sig.
		B	标准误差			
班、社团学生干部	（常量）	79.763	3.516		22.686	0.000
	政治面貌	−3.453	1.218	−0.145	−2.835	0.005
	年级	−1.314	0.514	−0.131	−2.557	0.011
	性别	2.311	1.003	0.114	2.303	0.022
普通学生	（常量）	72.365	1.782		40.602	0.000
	性别	2.436	0.787	0.117	3.096	0.002
	年级	−1.067	0.395	−0.102	−2.700	0.007

第八章　基于高校微信公众平台的用户阅读倾向与参与体验

　　《第 51 次中国互联网发展状况统计报告》显示，截至 2022 年 12 月，我国手机网民规模达 10.65 亿，较 2021 年 12 月增长 3636 万，网民使用手机上网的比例为 99.8%，移动互联网已然带动整体互联网发展，进一步推动了"微时代"的升级创新。腾讯企鹅智库于 2015 年 1 月发布了《微信平台首份数据研究报告》，报告显示 18～35 岁的中青年为微信的主要用户群体，比例高达 86.2%，并且平均每天打开微信 10 次以上的用户高达 55.2%；73.4% 的微信用户关注了公众账号，其中 41.1% 是为了获取资讯。显然微信已成为国内媒体和自媒体信息传播的重点社交渠道之一，已成为人们生活的一部分。

　　2015 年 4 月共青团玉林师范学院委员会开通官方微信公众平台，试运营 5 个月共推送 200 余条图文并向用户推送体验调查，期间开辟了第十三届大学生科技文化艺术节、毕业风采季、暑期社会实践等专栏，并尝试音频推送"校园书声"美文朗诵大赛作品展播，组织了"让实践在'微风'中扬帆"线下推广的主题宣传等活动。2015 年 8 月底，共青团玉林师范学院委员会编制了用户体验微调查问卷，在线自主受访者共 380 人。其中男生约占 36.84%，女生约占 63.16%；二年级约占 39.47%，三年级约占 50%。此次调查以自愿为前提，受访用户虽然人数不多，但均为此公众平台忠实用户，受访信息真实，可信度高，故笔者将此次调查结果作为此公众平台初始关注的忠实用户的体验数据进行分析。根据用户推荐名称的调查结果，2016 年 1 月 5 日此公众平台正式更名为"玉师青年说"。笔者通过后台收集了此公众平台截至 2015 年 12 月 5 日的资料、数据用于用户体验文本资料分析，表 8-1 为该公众平台用户体验指数表。此公众平台于 2015 年 9 月开通了评论功能。评论是人们针对事物进行主观或客观的阐述，在一定程度上体现了个体主动获取信息建构意义的实践活动，表 8-2 为对此公众平台评论较高的推文内容进行的归类。

表 8-1　公众平台用户体验指数表

关注量	发布文章数	阅读指数 WCI（R）			点赞指数 WCI（Z）			
		总阅读数	平均阅读数	最高阅读数	总点赞数	平均点赞数	最高点赞数	点赞率
11 501	518	94 168	181.792	6 649	5 995	11.573 4	116	0.063 66

表 8-2　公众平台评论较高的推文内容类别

类　别	内容特点	推文案例
思维启发性主题式	以用户的共同记忆引发的群体联想为主题	"纪念建校 70 周年"的 8 条推文累计评论数达到了 92 条
时空情境化综合类	利用主题的时空特点吸引用户的关注，包括纪念日、时事要闻、应景生活常识、活动幕后花絮等	《黑色星期五！过去的 12 小时巴黎究竟发生了什么？》以及针对暖冬天气推送的《你在北方的寒夜里温暖如春，我在南方的艳阳里蒸桑拿》
脑洞逆向型另类化	利用逆向思维设计激发用户情感认同的主题	《对不起，我想退出学生会！》推文得到了 46 个赞
内涵丰裕式鸡汤型	有针对性的鸡汤发挥了原创文学的真正魅力	校庆期间的原创《四年玉师人，一生玉师情！》一张配图获得 1 000 多阅读量，27 个赞；电影《我的少女时代》热映期推送的《愿每个少女，都会遇到你的徐太宇》

第一节 高校公众平台阅读倾向分析

一、高校微信公众平台用户阅读的外显性倾向

高校微信公众平台用户阅读的外显性倾向符合微时代的主流阅读方式——浅阅读，即以快速泛读、即时获取为目的，追求轻松、愉悦的阅读体验，以多媒体视觉信息符号为主要对象，倾向于关注直观、浅显、刺激的表层次阅读。

微信公众平台用户在阅读的过程、信息、媒介和形式上有以下特征：

第一，用户阅读的过程非线性，阅读的信息碎片化。在网络通信越来越便捷的今天，链接、搜索等网络"定制"打破了信息的线性传播，微信是基于移动平台的即时通信媒介，微信公众平台是一对多的信息推送平台，用户的阅读路线变得跳跃、不连续，导致阅读需求从注重深层的理论性向注重表层的实用性转变。

第二，用户阅读的媒介多样化，阅读的形式快餐化。微信集发送语音、文字、图片、视频等功能于一体，能够满足高校共青团公众平台用户对信息快速捕捉、分享的需求；微信公众平台通过群发推送、自动回复以及一对一交流，便捷实现了特定群体的图、文、视、音等多种媒体的共享交流，使越来越多的用户养成了阅读多样化媒介信息的习惯。

二、高校微信公众平台用户阅读的内隐性倾向

微信公众平台用户对微信公众平台上的内容进行评论是针对事物进行主观或客观的自我印象阐述，是阅读过程中理解、领悟、评价的重要环节，一定程度上体现了对微信公众平台的阅读是个体主动获取信息、建构意义的有效阅读。共青团玉林师范学院委员会公众平台自开通评论以来设计了系列活动培养用户的评论习惯，4 个月累计评论 1 007 条。分析根据评论数量筛选出来的此公众平台的推送消息可以发现，在自愿评论的前提

下，让更多用户使用评论功能的推送消息大致可以分为以下四大类。

一是有思维启发性作用的主题式消息。主题式消息以易于激发用户联想、引发用户思考的相关内容得到用户的评论青睐，主题多与用户自身经历有着密切的关系。例如，此公众平台推送的"纪念建校 70 周年"和"迎新晚会"主题消息都属于此类，可见推送与用户紧切相关的大事件能够得到大量的关注。

二是有时空情境化影射的综合类消息。综合类消息会由于推送的时间或空间特点而受到用户的关注，包括纪念日、时事要闻、应景生活常识、活动幕后花絮等类型。例如，此公众平台于 2015 年 10 月 17 日推送的《国际扶贫日 | 小编邀您一起关注贫困》；2015 年 11 月 14 日推送的《黑色星期五！过去的 12 小时巴黎究竟发生了什么？》；针对玉林回南天、暖冬天气气候即时推送的《生活小 Tips ｜又见回南天》和《你在北方的寒夜里温暖如春，我在南方的艳阳里蒸桑拿》；等等。

三是有脑洞逆向型吸引的另类化消息。另类化消息是在本次数据分析研究中特别值得关注的一类。2015 年 11 月 18 日此公众平台转载推送了共青团中央公众平台原创的《对不起，我想退出学生会！》，此消息无论是阅读量（1 369）、点赞数（46），还是评论数（20）都反映了用户的关注热度。分析用户的评论可以发现，此类逆向性思维的另类消息吸引了用户，在一定层面上激发了用户的情感认同。此外还有以问题立意的推送消息《我们为什么要旅行？》也得到了不少的评论。

四是有内涵丰裕式表达的鸡汤型消息。鸡汤型消息已经在微信朋友圈中"臭名远扬"，为何在公众平台中占有一席之地？因为针对性的"鸡汤"散发出了原创文学的真正魅力。2015 年 11 月 29 日（建校纪念活动结束后第二天）此公众平台推送的《四年玉师人，一生玉师情！》虽然仅有一张配图，但吸引到了 1 000 多阅读量，得到了 27 个赞，内容是一位大三在校生对母校从吐槽到认同的心路历程，使众多用户产生了共鸣。此外，电影《我的少女时代》热映期推送的《愿每个少女，都会遇到你的徐太宇》和快递小哥屡见新闻时推送的《快递 | 听一听心的选择，为爱下单！》的数据也很好。

第二节 大学生微空间的参与体验研究

一、网络参与定位于快餐式信息消费

信息化时代，很多大学生已经形成浅阅读习惯，希望可以通过快速泛读的信息浏览，及时获取学校的相关资讯，对阅读体验的追求更倾向于轻松、愉悦，这显然是现代社会快餐文化在校园中的体现。微信公众平台体验调查数据显示，受访用户中，选择在工作（学习）闲暇时阅读微信公众平台的约占 57.89%，约 26.32% 的受访用户选择在入睡前或醒来后阅读微信公众平台；约 57.89% 的受访用户希望微信公众平台每天固定时间推送图文，约 31.58% 则希望微信公众平台灵活决定推送频率；约 60% 的受访用户认为微信公众平台一期推送 3 ～ 4 篇比较合适。如表 8-3、表 8-4、图 8-1 所示。

表 8-3 用户阅读微信公众平台的时段

阅读时段	百分比
上下班（学）途中	5.26%
入睡前或醒来后	26.32%
饭前或饭后	10.53%
工作（学习）闲暇时	57.89%

表 8-4 用户对微信公众平台推送频率的期望

推送频率	百分比
每天固定时间	57.89%
两三天一次	5.26%
灵活决定	31.58%
无所谓	5.27%

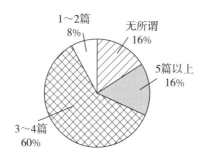

图 8-1　用户对微信公众平台每一期推送图文数量的期望

约 47% 的受访用户认为花费 1～3 分钟阅读一篇消息比较合适；在对多选题"喜欢阅读何种形式的推送消息"进行选择时，全部受访用户都选择了图文并茂的形式，还有一部分用户选择了网站链接和语音的形式。如图 8-2、图 8-3 所示。

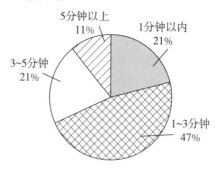

图 8-2　用户阅读一篇推送图文用时

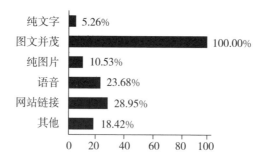

图 8-3　用户热衷阅读的消息形式

约 68% 的受访用户对微信公众平台推送的消息存在着"只阅读标题吸引人的消息"的阅读习惯，仅有约 8% 的受访用户会"每条都点开且认真阅读"。大学生日常对微信公众平台的使用习惯也反映了浅阅读定位。如图 8-4 所示。

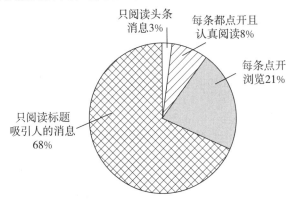

图 8-4　用户对微信公众平台推送消息的阅读习惯

二、用户网络阅读深度化的影响分析

在对影响用户阅读微信公众平台推送消息的因素的调查中，"题目的吸引度"和"是否与最近热点话题相关"是最主要因素，均有约 78.95% 的受访用户选择，其后是"是否与自身利益相关"，有约 57.89% 的受访用户选择，还有受访用户提出"是否与身边环境相关"和"是否与本校本专业有联系"，也是影响他们阅读微信公众平台推送消息的因素，如表 8-5 所示。

表 8-5　影响用户阅读微信公众平台推送消息的因素

影响因素	百分比
题目的吸引度	78.95%
是否与最近热点话题相关	78.95%
是否与自身利益相关	57.89%
文章的篇幅长度	44.74%
其他	13.16%

微信公众平台的消息订阅对用户的阅读方式也产生了一定的影响，调查中表示"更喜欢图文并茂的文章，或者有音乐、视频"的受访用户约占78.95%，表示"对于标题新颖、吸引人或者内容浅显易懂的文章更感兴趣"的受访用户约占52.63%，表示"更习惯'短、平、快'的文字阅读"的受访用户约占42.11%，也有部分受访用户表示没有影响。如图8-5所示。而且约89.47%的受访用户表示对"活泼、有趣"的推送消息更喜欢，并且约84.21%的受访用户也表示对"真的觉得内容精彩"的推送消息会点赞。

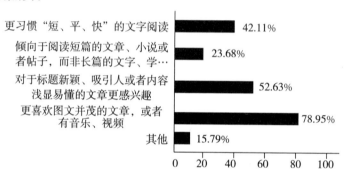

图8-5　微信公众平台的消息订阅对用户阅读方式产生的影响

三、参与认同倾向于内在的价值体验

在信息爆炸时代成长起来的大学生长期处于信息负荷时空中，很多人逐步养成了网络化生存实践的认知图式，对网络媒体信息的认同倾向于个体的自我意识体现与内在精神的价值共鸣。在此公众平台阅读量1 000以上的12条推文中，关于"纪念建校70周年"的有4条，关于"迎新活动"（迎新晚会、最美军姿投票）的有3条，这与调查中有约78.95%的受访用户认为"是否与最近热点话题相关"会影响他们的阅读动机是相互验证的，另外关于校运会、学生干部、心灵鸡汤以及投票评选类的推送消息也很受欢迎。如表8-6所示。

表8-6　公众平台按阅读量排序前12条推送消息

序　号	推送消息标题	阅读量	阅读量/平均阅读量
1	投票 | "十佳团日"活动评选	6 649	36.575
2	投票 | 奋斗的青春最精彩——暑期社会实践评比	3 587	19.731
3	致校友的一封信 | 母校生日了，该回家看看了	2 519	13.856
4	纪念建校70周年文艺汇演预告 | 你的生日我不能缺席！	1 834	10.088
5	投票 | 你悄悄地来了，请挥一挥衣袖，为我们留下你心中的最美军姿	1 753	9.643
6	有人@你 | "我的大学我的梦"迎新生晚会	1 419	7.806
7	对不起，我想退出学生会！	1 369	7.531
8	建校70周年文艺汇演 | 致每一位工作人员：你们是晚会不可或缺的存在	1 260	6.931
9	花絮 | 校运会剪影	1 257	6.914
10	有人@你 | 小编邀您强势围观校级迎新生晚会	1 176	6.469
11	建校70周年 | 纪念建校70周年主要活动安排，拿走不谢	1 071	5.891
12	你好，×××|一张明信片的告白	1 012	5.567

此公众平台点赞数40个以上的15条推文中，关于社会实践的有8条，但其中有7条的阅读量仅有一两百，结合这些推文的推送时段内公众平台关注量的巨大变化（7月时此公众平台的关注量为500多，10月时近9 000）来综合分析，可以推出这几篇推文的读者主要是参与社会实践的大学生志愿者，这与调查中约57.89%的受访用户表示"是否与自身利益相关"是阅读推文的影响因素是相互验证的。综合分析推送消息的阅读量和点赞数不难发现，处于点赞量前15的推送消息中，阅读量超过1 000的达到8条，占了阅读量达1 000的推送消息（12条）排名的2/3。由此可见，推送消息吸引用户兴趣从而产生浏览是用户认同点赞的基础性前提。如表8-7所示。

表8-7 公众平台按点赞数排序前15条推送消息

序号	推送消息标题	发表时间	点赞数	阅读量	点赞数/阅读量比
1	投票丨奋斗的青春最精彩——暑期社会实践评比	10/15	116	3 587	0.032
2	有人@你丨小编邀您强势围观校级迎新生晚会	10/14	85	1 176	0.072
3	有人@你丨"我的大学我的梦"迎新生晚会	10/17	84	1 419	0.059
4	投票丨"十佳团日"活动评选	12/1	79	6 649	0.012
5	我校开展"候鸟回巢，玉林行；青春织梦，家乡情"社会实践活动	7/17	76	189	0.402
6	投票丨你悄悄地来了，请挥一挥衣袖，为我们留下你心中的最美军姿	10/1	65	1 753	0.037
7	致校友的一封信丨母校生日了，该回家看看了	10/29	61	2 519	0.024
8	××丨"微校计划"暖心关爱留守儿童行动的第一天	7/14	53	112	0.473
9	兴业县丨原来兴业县大平山镇挂职小组的周末是这样的！	7/18	52	192	0.271
10	对不起，我想退出学生会！	11/18	46	1 369	0.034
11	视频丨童馨义务支教团实践团队	10/15	46	201	0.229
12	品华居丨号外号外！在品华居挂职锻炼的小伙伴们传来消息啦	7/16	44	267	0.165
13	建校70周年文艺汇演丨致每一位工作人员：你们是晚会不可或缺的存在	12/1	42	1 260	0.033
14	视频丨"逐梦青春路，奉献无私情"实践团	10/15	42	220	0.191
15	××丨暑假社会实践活动"进企业，访校友，绘人生"	7/15	41	129	0.318

对公众平台阅读量和点赞数进行数据交叉分析发现，阅读量1 000以上的推文中点赞数40以上的占比约66.67%，调查中约84.21%的受访用户也表示对"真的觉得内容精彩"的推送消息才会点赞，说明大学生

对网络媒体信息的选择已经内化了自身的价值取向，所以体现出相对成熟的信息加工处理认知模式。分析以上两个表格可知，"纪念建校 70 周年"主题推送消息虽然吸引了用户阅读，但是在内容上并没有受到用户的青睐；而"迎新活动"类主题从选题到内容都得到了用户的认同。关于"纪念建校 70 周年"的推送消息的阅读量居高，说明阅读量受到标题主题的影响较大，验证了微调查中"约 68% 的受访用户对微信公众平台推送的消息存在着'只阅读标题吸引人的消息'的阅读习惯"。

四、参与意识上升至主观的意义建构

当代大学生已经不满足于网络媒体信息的阅读者、接受者的角色，在文化多元化的思潮下年轻活力的生命迸发出愈加强劲的自我意识，对于触及认知敏度、符合自身价值追求的学校官方媒体信息会主动参与、深入认知、形成共识，这是大学生对媒体信息的加工认知的意义建构。公众平台阅读量 1 000 以上的"纪念建校 70 周年"主题推文虽然点赞数不高，但是评论数位列前茅，可见有助于大学生社会性发展的主题依然能够得到大量的关注，并且有利于大学生个体的自我意识建构发展；此外，调查中约 78.95% 的受访用户认为"是否与最近热点话题相关"会影响自身阅读选择，可见线上世界的意见共同体更易于向其他个体传播体现自身价值追求的信息，并且形成更大的网络意见共同体。

2015 年 1 月 7 日，腾讯微信内测公众平台评论功能。玉林师范学院共青团公众平台于 2015 年 9 月开通了评论功能，为用户提供了交流互动的平台，也为用户对公众平台提出改进意见提供了便利。开通评论功能之初，玉林师范学院共青团设计了"有人@你 | 小编邀您强势围观校级迎新生晚会"评论有奖等网上活动，以培养用户的公众平台评论使用习惯。截至 2015 年 12 月 5 日，玉林师范学院共青团公众平台共收到用户评论 1 007 条，其中 631 条来自评论有奖网络互动活动。如表 8-8 所示。

表 8-8　公众平台评论数排序前 15 条推送消息列表

序号	推送消息标题	发表时间	阅读量	点赞数	评论数	评论数/阅读量
1	有人 @ 你丨小编邀您强势围观校级迎新生晚会	10/14	1 176	85	631	0.536 565
2	有人 @ 你丨"我的大学我的梦"迎新生晚会	10/17	1 419	84	49	0.034 531
3	纪念建校 70 周年文艺汇演预告丨你的生日我不能缺席！	11/28	1 834	19	21	0.011 45
4	对不起，我想退出学生会！	11/18	1 369	46	20	0.014 609
5	建校 70 周年丨【××，我爱你】写给××70 岁	11/17	604	17	20	0.033 113
6	投票丨你悄悄地来了，请挥一挥衣袖，为我们留下你心中的最美军姿	10/1	1 753	65	16	0.009 127
7	投票丨"十佳团日"活动评选	12/1	6 649	79	14	0.002 106
8	建校 70 周年丨小编告诉你 ×× 是如何庆祝的	11/29	883	30	12	0.013 59
9	建校 70 周年丨纪念建校 70 周年主要活动安排，拿走不谢	11/26	1 071	16	11	0.010 271
10	快递丨听一听心的选择，为爱下单！	11/23	236	8	9	0.038 136
11	你好，×× 丨一张明信片的告白	11/29	1 012	27	8	0.007 905
12	"三走"活动丨千人摇滚荧光夜跑，给你好看	11/23	320	34	8	0.025
13	建校 70 周年丨文明迎校诞，展 ×× 风采	11/20	334	18	8	0.023 952
14	2015 年只剩一个月了，你的愿望都实现了吗？	12/2	204	14	7	0.034 314
15	致校友的一封信丨母校生日了，该回家看看了	10/29	2 519	61	7	0.002 779

　　此公众平台转载的共青团中央公共平台的原创推文《对不起，我想退出学生会！》无论是阅读量（1369）、点赞数（46）还是评论数（20）都较高，反映了这篇文章在用户中较为受欢迎，标新立异的标题设计能吸引初始的阅读量，但文章内容的精神思想才是保证阅读量和互动量的关键。这篇推文质量较高，使用户产生了较强的情感共鸣，并且促进了大学生社会性自我意识的发展。

第九章 大学生网络民主参与的媒介素养研究

　　网络时代的发展日新月异，社交网络平台为大学生提供了广阔的民主参与空间，大学生是网络的主力军和影响网络意见走向的中坚力量。与有组织性的、制度化的传统政治参与相比，网络民主参与是自发的、松散的、非制度化的，充斥着理性与非理性并存的冲突和矛盾。面对日益复杂的网络社会事件，大学生如何正确使用网络表达理性的意见是值得重视的问题，大学生群体网络民主参与的媒介素养能力亟待提升。

　　"网络民主参与"的概念建立在"政治参与"之上，包括诸如网络政治选举、网络政治交流、网络政治传播、网络政治参与及网络政治结社等形态，指在权利义务范围内借助计算机技术、通信技术、网络技术等现代化技术手段，通过网络发布、在线交互、微平台推送等网络形式表达意愿、利益诉求，参与公共事务的社会活动和行为过程。网络民主参与主体的行为意愿具有自主、开放、互动、广泛的特点，可以从以下三个层次的参与方式入手进行调查研究，即通过网络浏览政务信息、利用网络交流政治民主观点、通过网络采取网上政治民主行动。如图9-1所示。

图 9-1　网络民主参与的三个层次

网络民主参与的媒介素养是指正确使用媒介和有效利用媒介进行以上三个层次的网络民主参与的行为能力。依据对媒介素养的研究界定，设计各个层次参与方式的媒介素养能力指标，包括以下五种能力：①媒介接触能力，包括经常接触的媒介的类别、接触时间、参与动机以及媒介消费情况；②媒介认知能力，包括对媒介类别的认知、对媒介组织运行规律的了解、对媒介使用知识和媒介制作知识的掌握；③媒介意识能力，包括媒介使用意识、媒介判断意识；④媒介处理能力，包括对媒介及媒介信息的反思判断力、选择与利用力，以及处理媒介与媒介信息的影响力；⑤媒介道德能力，包括对媒介道德规范的认知力以及媒介道德规范自律行为。

本次调查抽取广西师范大学、桂林电子科技大学、玉林师范学院和钦州学院四所高校，共发放 795 份问卷，有效问卷 640 份，有效率约为80.5%。其中男生约 34.4%，女生约 65.6%；一年级约 28.1%，二年级约55.2%，三、四年级约 14.7%；理工类专业约 53.5%，文史类约 43.8%，艺体类约 2.7%；农村家庭约 55.9%，县城乡镇约 28.6%，大中型城市约13.9%，其他约 1.6%；团员约 85.6%，党员约 12.3%，群众约 2.0%；学生干部约 66.4%，非学生干部约 33.6%。调查研究选定网络民主参与的方式层次和媒介素养的能力指标，对大学生的网络民主参与现状进行双层描述，结合对个体现实政治民主生活角色的交叉分析，以期更系统地勾勒出当代大学生的网络民主参与现状及发展态势。

第一节 大学生网络民主参与水平

一、数据信度和效度分析

对问卷中大学生网络民主参与的方式 8 个题目进行低分组与高分组的平均分 t 检验，并对这 8 个题目进行分组编号（表 9-1），由表可见 XC11、XC12、XC21 3 个组的方差具有齐性（p 值分别为 0.685、0.101 和 0.055，p 值均大于 0.05），XC22、XC23、XC31、XC32、XC33 5 个组的方差不具有齐性（p 值均小于 0.05），但 8 个题目的 t 检验结果均有 $p=0.000<0.01$（表 9-2），两组的平均分差异极其显著，说明调查大学生网络民主参与的方式 8 个题目都具有很强的鉴别力。

表 9-1 大学生网络政治参与的方式 8 个题目的分组统计量

调查指标	问卷题目	分组	总数	平均数	标准误差
通过网络浏览政务信息 XC1	访问政治或公共事务新闻网站 XC11	低分组	160	2.587 5	1.083 83
		高分组	160	3.225 0	1.045 81
	访问关注政治或公共事务的微博、微信公众平台、论坛等 XC12	低分组	160	2.106 3	0.948 99
		高分组	160	2.756 3	0.963 14
利用网络交流政治民主观点 XC2	转发、分享公共事件消息或政治新闻 XC21	低分组	160	1.793 8	0.710 19
		高分组	160	2.381 3	0.815 51
	在网上讨论政治议题或公共事务 XC22	低分组	160	1.562 5	0.679 32
		高分组	160	2.093 8	0.632 42
	参与政治议题或公共事务网上投票、网络征求意见调查 XC23	低分组	160	1.468 8	0.559 90
		高分组	160	2.125 0	0.641 83

续　表

调查指标	问卷题目	分组	总数	平均数	标准误差
通过网络采取网上政治民主行动 XC3	围绕政治议题或公共事务发起网络签名等形式的维权活动 XC31	低分组	160	1.187 5	0.407 28
		高分组	160	1.762 5	0.543 54
	和政府官员或公共机构负责人在线交流 XC32	低分组	160	1.106 3	0.309 12
		高分组	160	1.593 8	0.585 97
	通过网络向政府或公共机构表达意愿建议 XC33	低分组	160	1.162 5	0.370 07
		高分组	160	1.625 0	0.546 57

表 9-2　高分组与低分组的平均分差异显著性检验结果

分卷题目编号	F	p	T	df	显著性	标准误差
XC11	0.164	0.685	−5.354	318	0.000	0.119 07
XC12	2.706	0.101	−6.081	318	0.000	0.106 89
XC21	3.696	0.055	−6.872	318	0.000	0.085 49
XC22	16.086	0.000	−7.240	318	0.000	0.073 38
XC23	4.519	0.034	−9.746	318	0.000	0.067 33
XC31	13.105	0.000	−10.708	318	0.000	0.053 70
XC32	164.695	0.000	−9.308	318	0.000	0.052 38
XC33	87.393	0.000	−8.863	318	0.000	0.052 18

二、大学生网络民主参与的方式层次概况

虽然当前新媒体平台受到了众多用户的青睐，但问卷结果显示，传统的新闻网站仍然是大学生浏览政务信息的重要渠道。约 50.78% 的大学生经常或较多访问政治或公共事务新闻网站，而约 37.65% 的大学生会经

常或较多访问关注政治或公共事务的微博 / 微信公众平台 / 论坛等。对比两项数据的分布曲线，可见传统的新闻网站仍然是大学生了解政务消息的重要讯息平台。如图 9-2、图 9-3 所示。

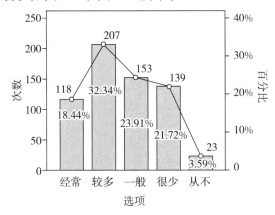

图 9-2 大学生访问政治或公共事务新闻网站的情况

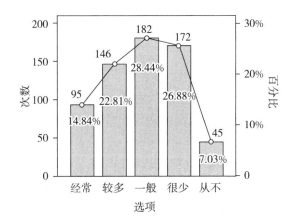

图 9-3 大学生访问关注政治或公共事务的微博、微信公众平台、论坛等的情况

大学生利用网络交流政治观点的行为活动较少，相对而言更倾向于转发、分享公共事件消息或政治新闻。约 45.94% 的大学生很少或从不转发、分享公共事件消息或政治新闻，约 53.28% 的大学生很少或从不在网上讨论政治议题或公共事务，约 53.13% 的大学生很少或从不参与政治议题或公共事务网上投票、网络征求意见调查。由此三项数据统计可见，

大学生利用网络交流政治观点的总体倾向不太明显，较倾向于转发、分享公共事件消息或政治新闻。如图9-4、图9-5、图9-6所示。

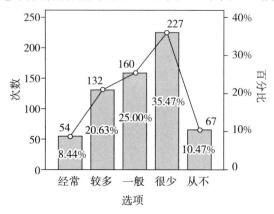

图9-4　大学生转发、分享公共事件消息或政治新闻的情况

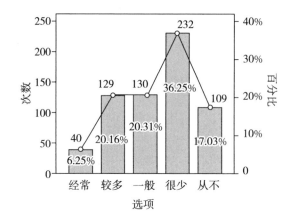

图9-5　大学生在网上讨论政治议题或公共事务的情况

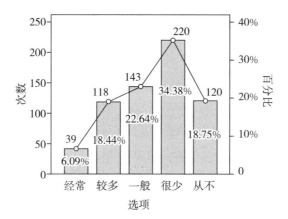

图 9-6　大学生参与政治议题或公共事务网上投票、网络征求意见调查的情况

　　大学生倾向于采取被动式、匿名性的网上民主行动。约 29.53% 的大学生从不围绕政治议题或公众事务发起网络签名等形式的维权活动，约 41.56% 的大学生从不参与和政府官员或公共机构负责人的在线交流，约 36.09% 的大学生从不通过网络向政府或公共机构表达意愿建议。由此可见，大学生通过网络采取网上政治民主行动的情况并不多，并且不倾向于主动参与。如图 9-7、图 9-8、图 9-9 所示。

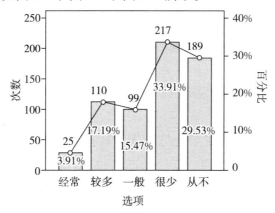

图 9-7　大学生围绕政治议题或公共事务发起网络签名等形式的维权活动的情况

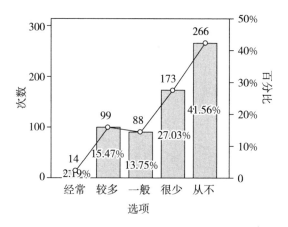

图 9-8　大学生和政府官员或公共机构负责人在线交流的情况

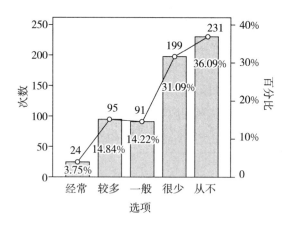

图 9-9　大学生通过网络向政府或公共机构表达意愿建议的情况

三、大学生网络民主参与方式的呈现特点

（一）尚处于低层次的被动接收阶段

对比大学生网络民主参与方式的调查数据的平均数、偏斜度和峰度（表 9-3），可以发现只有"通过网络浏览政务信息"这第一层次的两个调查问题的数据平均数处于正常均值，其中"访问政治或公共事务新闻网站"的数据分布呈现明显的左偏态；分析三个网络民主参与层次分阶对比的数据可以发现，不同层次对应问题的数据分布偏斜度向右倾斜且

相差近 0.2。可见，大学生网络民主参与方式总体处于低层次的被动接收信息阶段，依赖网络意见领袖发起的政治民主活动来满足自身社会化需求。

表 9-3　网络民主参与方式层次平均数、偏斜度、峰度对比数据

三个层次	层次指标	平均数	标准差	偏斜度	峰　度
通过网络浏览政务信息	访问政治或公共事务新闻网站	2.60	1.123	0.209	−0.926
	访问关注政治或公共事务的微博 / 微信公众平台 / 论坛等	2.88	1.166	−0.071	−0.919
利用网络交流政治民主观点	转发、分享公共事件消息或政治新闻	3.19	1.133	−0.292	−0.787
	在网上讨论政治议题或公共事务	3.38	1.164	−0.356	−0.836
	参与政治议题或公共事务网上投票、网络征求意见调查	3.41	1.164	−0.364	−0.788
通过网络采取网上政治民主行动	围绕政治议题或公共事务发起网络签名等形式的维权活动	3.68	1.178	−0.567	−0.751
	和政府官员或公共机构负责人在线交流	3.90	1.167	−0.730	−0.682
	通过网络向政府或公共机构表达意愿建议	3.81	1.183	−0.712	−0.583

（二）普遍倾向于参与式而非发起式

无论"利用网络交流政治民主观点"还是"通过网络采取网上政治民主行动"，对比同一层次的调查数据可知，大学生都倾向于参与式的网络民主活动（表 9-3），并且大学生对参与影响现实政治民主生活的网络活动的积极性较低。例如，相比于在网上讨论政治议题或公共事务，大学生更倾向于转发、分享公共事件消息或政治新闻；相比于围绕政治议题或公众事务发起网络签名等形式的维权活动，大学生更倾向于参与相关的网上投票、网络征求意见调查。

（三）个体特质对参与方式产生相关影响

通过皮尔逊（Pearson）相关性分析可知，大学生网络民主参与方式的三个层次均有调查数据与性别、政治面貌或是否担任学干存在相关性（表9-4）：第一层次的"访问政治或公共事务新闻网站"与性别和是否担任学干正相关（$p < 0.01$）；第二层次的"转发、分享公共事件消息或政治新闻"与政治面貌和是否担任学干正相关（$p < 0.05$）；第三层次的"和政府官员或公共机构负责人在线交流""通过网络向政府或公共机构表达意愿建议"分别与性别和是否担任学干正相关（$p < 0.05$）。由此可见，与大学生现实政治民主生活中的身份相关的属性对大学生网络民主参与方式产生了相关性影响，特别是现实中担任学生干部的民主生活身份对大学生在网上的民主参与产生了重要的影响。

表9-4 网络民主参与方式与样本特征相关性数据

网络民主参与方式	相关性	性 别	政治面貌	担任学干
访问政治或公共事务新闻网站	皮尔逊相关性	0.136**	0.012	0.105**
	双尾显著性	0.001	0.758	0.008
转发、分享公共事件消息或政治新闻	皮尔逊相关性	0.031	0.084*	0.080*
	双尾显著性	0.437	0.034	0.043
参与和政府官员或公共机构负责人的在线交流	皮尔逊相关性	0.095*	−0.001	0.065
	双尾显著性	0.016	0.971	0.102
通过网络向政府或公共机构表达意愿建议	皮尔逊相关性	0.047	0.049	0.095*
	双尾显著性	0.230	0.212	0.016

大学生平均每天上网的时间与大学生网络民主参与方式的三个层次都具有显著的相关性，对数据进行多元回归分析，显示回归拟合度非常高，虽然有回归标准化残差，但基本符合正态分布，概率分布图基本呈现拟合线性相关。如表9-5、图9-10、图9-11所示。

表 9-5 平均每天上网时间的多元回归分析数据模型摘要

模 型	R	R 平方	调整后 R 平方	标准偏斜度错误
1	0.176a	0.031	0.019	0.738

a.预测值：(常数)，通过网络向政府或公共机构表达意愿建议，访问政治或公共事务新闻网站，转发、分享公共事件消息或政治新闻，访问关注政治或公共事务的微博/微信公众平台/论坛等，参与政治议题或公共事务网上投票、在网上征求意见调查，网络讨论政治议题或公共事务，围绕政治议题或公共事务发起网络签名等形式的维权活动，参与和政府官员或公共机构负责人的在线交流。

b.应变数：平均每天上网的时间

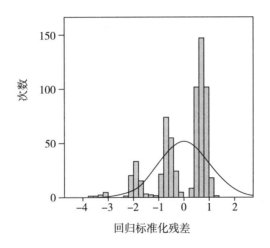

图 9-10 平均每天上网时间的回归分析直方图

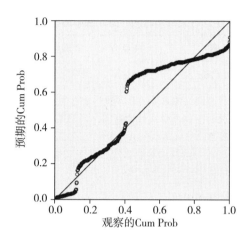

图 9-11 平均每天上网时间的回归分析 P-P 图

第二节 媒介素养对网络民主参与的影响

一、大学生网络民主参与的媒介素养基本状况

一是大学生网络民主参与的媒介接触更倾向于传统的网络媒体。大学生网络民主参与使用最多的媒介工具是 QQ、飞信群，约占 80.2%；其次是微博和微信，均约占 65.3%，首选微博的约占 26.9%，首选微信的仅约 5.8%。如表 9-6 所示。

表 9-6 网络民主参与使用最多的媒介工具

目的次序	政府或官方网站		博 客		微 博		QQ、飞信群		微 信		电子邮件		论坛、贴吧	
	次数	百分比	次数	百分比	次数	百分比	次数	百分比	次数	百分比	次数	百分比	次数	百分比
排第一	60	9.4%	25	3.9%	172	26.9%	323	50.5%	37	5.8%	10	1.6%	14	2.2%

目的次序	政府或官方网站		博客		微博		QQ、飞信群		微信		电子邮件		论坛、贴吧	
	次数	百分比	次数	百分比	次数	百分比	次数	百分比	次数	百分比	次数	百分比	次数	百分比
排第二	47	7.3%	31	4.8%	137	21.4%	115	18%	223	34.8%	46	7.2%	41	6.4%
排第三	71	11.1%	33	5.2%	109	17%	75	11.7%	158	24.7%	90	14.1%	103	16.1%
选中	178	27.8%	89	13.9%	418	65.3%	513	80.2%	418	65.3%	146	22.9%	158	24.7%

二是大学生网络民主参与的媒介认知力有待进一步加强。约 76.6%
的大学生认为政府部门官方网站的信息"大部分"或"完全"真实，约
57.5% 的大学生认为综合新闻资讯网站的信息"大部分"或"完全"真
实；一半左右大学生对论坛 / 贴吧、微博 / 微信 /QQ 空间上的内容以及
和网友聊天的内容持怀疑态度，分别是约 62.2%、约 55.2% 和约 47.7%。
如表 9-7 所示。

表 9-7　认知网上信息真实性统计数据

媒介工具	完全真实		大部分真实		半真半假		大部分不真实		完全不真实	
	次数	百分比	次数	百分比	次数	百分比	次数	百分比	次数	百分比
政府部门官方网站	106	16.6%	384	60.0%	132	20.6%	11	1.7%	7	1.1%
综合新闻资讯网站	29	4.5%	339	53.0%	233	36.4%	35	5.5%	4	0.6%
论坛 / 贴吧	5	0.8%	90	14.1%	398	62.2%	138	21.6%	9	1.4%
微博 / 微信 / QQ 空间	4	0.6%	93	14.5%	353	55.2%	179	28.0%	11	1.7%
网友聊天	11	1.7%	142	22.2%	305	47.7%	161	25.2%	21	3.3%

三是大学生网络民主参与的媒介意识尚处于启蒙阶段。约 54.22% 的

大学生在网上看到和自己有直接利益关系的政府信息时会发表意见，仅约 1.87% 的大学生会大声疾呼（图 9-12）；约 19.4% 的大学生在现实生活中遇到不公平的事时会通过网络发帖举报和质疑，约 60.60% 的大学生会视情况而定，也有约 20% 的大学生表示不会通过网络维权（图 9-13）。

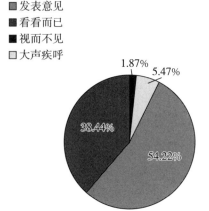

图 9-12　大学生在网上看到和自己有直接利益关系的政府信息时是否表态

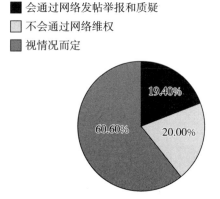

图 9-13　大学生在现实生活中遇到不公平的事时采取何种行动

　　四是大学生网络民主参与的媒介处理能力普遍不足。约 48.75% 的大学生遇到网络报道的某些信息出现错误或偏差时不会要求其纠正，但这种情况会影响他们对该媒体的印象，约 28.75% 的大学生认为错误在所难免，不会影响自己对该媒体的印象（图 9-14）；约 57.97% 的大学生遇到个人观点与媒体观点相冲突时会认为媒体观点仅作参考（图 9-15）。

■ 立即跟媒体联系，要求纠正
⊠ 不会要求纠正，但会影响该媒体在自己心目中的形象
□ 认为错误在所难免，不会影响该媒体在自己心目中的形象
▨ 无所谓，不会有什么想法

8.59%
13.91%
28.75%
48.75%

图 9-14　大学生遇到网络报道的某些信息出现错误或偏差时所采取的态度

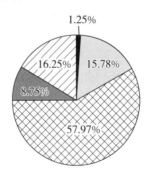

■ 相信媒体
□ 大部分情况下相信媒体
⊠ 媒体观点仅作参考
▨ 不受媒体观点影响
▨ 不好说

1.25%
16.25%　15.78%
8.75%
57.97%

图 9-15　大学生遇到个人观点与媒体观点冲突时所采取的态度

五是大学生网络民主参与的媒介道德水平不尽如人意。约 32.66% 的大学生认为网络言论比较自由应保持现状，约 55.93% 的大学生认为网络言论自由需要进一步规范和监管（图 9-16）；约 10.16% 的大学生表示心情不好时或受不公正待遇时会在网上发布不负责任的信息（图 9-17）。

■ 需要进一步规范和监管

⊠ 比较自由，应该保持目前状况

□ 不太自由，很多想说的话不能说

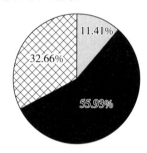

图 9-16　大学生对网络言论自由所持态度

□ 从不在网上发布虚假消息

▨ 经常在网上发布不负责任的消息

■ 心情不好时或受不公正待遇时会
在网上发布不负责任的消息

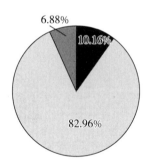

图 9-17　大学生在网上发布不负责任信息的情况

二、个体特质影响媒介素养对网络民主参与的作用

（一）媒介知识和媒介道德能力存在性别差异

约 21.6% 的大学生"了解新闻信息发布的背后有各种政治、经济、社会因素的影响"，对此调查数据进行性别分组 t 检验，方差均显著（$p=0.000 < 0.01$），如表 9-8 所示，男生与女生的媒介认知能力存在显著

差异，男生更了解媒介运行的基本规律；对大学生网络民主参与的媒介素养能力的两个调查数据进行性别分组 t 检验，如表 9-9 所示。

表 9-8　按性别群组统计数据

网络民主参与的媒介素养能力	性别	N	平均数	标准偏差
是否了解新闻信息发布背后有各种政治、经济、社会因素影响	男	220	1.85	0.655
	女	420	2.07	0.642
你对网络言论自由所持的态度	男	220	1.63	0.693
	女	420	1.51	0.686
你会在网上发布不负责任的信息吗	男	220	1.36	0.712
	女	420	1.22	0.584

表 9-9　按性别群组独立样本检验

网络民主参与的媒介素养能力	性别	T	df	双尾显著性	平均差异	标准差
是否了解新闻信息发布背后有各种政治、经济、社会因素影响	男	−4.159	638	0.000	−0.224	0.054
	女	−4.132	436.853	0.000	−0.224	0.054
你对网络言论自由所持的态度	男	2.052	638	0.041	0.118	0.057
	女	2.045	440.549	0.041	0.118	0.057
你会在网上发布不负责任的信息吗	男	2.663	638	0.008	0.140	0.052
	女	2.506	376.348	0.013	0.140	0.056

（二）媒介认知能力受年级和政治面貌的相关影响

大学生网络民主参与的媒介认知能力与年级和政治面貌存在显著相关性（表 9-10），特别是年级与大学生认知"政府部门官方网站和综合新闻资讯网站"相关性在 0.01 上显著，而政治面貌与"论坛 / 贴吧"和"微博 / 微信 /QQ 空间"相关性也在 0.01 上显著。此数据说明大学生在进行网络民主参与时，对网络信息平台的信任度会由于学龄、现实政治角色的不同而存在明显的媒介认知差异。

表9-10　媒介认知能力与样本数据特征相关性数据

媒 介	相关性	性 别	年 级	专 业	政治面貌	担任学干
政府部门官方网站	皮尔逊相关性	−0.060	0.112**	−0.085*	0.030	0.031
	双尾显著性	0.128	0.005	0.031	0.449	0.433
综合新闻资讯网站	皮尔逊相关性	−0.107**	0.124**	−0.014	0.066	0.019
	双尾显著性	0.007	0.002	0.733	0.097	0.638
论坛 / 贴吧	皮尔逊相关性	0.006	0.101*	0.015	0.125**	0.021
	双尾显著性	0.875	0.011	0.702	0.001	0.596
微博 / 微信 / QQ空间	皮尔逊相关性	−0.008	0.061	0.008	0.109**	0.002
	双尾显著性	0.848	0.123	0.843	0.006	0.962

第三节　大学生对媒介素养教育的认同度

如图9-18所示，约60.63%的大学生都比较或非常同意网络参与有助于训练他们的公共行为能力和培养他们的公共精神。如表9-11所示，约94.5%的大学生都认为应开设大学生媒介素养教育课程，约39.8%认为可采用主题讲座、在线课堂等非正规课程形式。

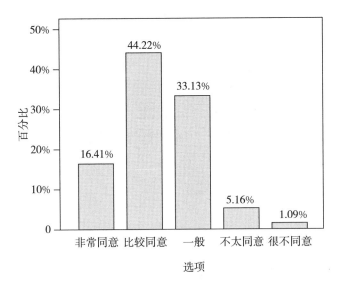

图 9-18　大学生对网络参与有助于训练公共行为能力和培养公共精神的态度

表 9-11　大学生对学校开设大学生媒介素养教育课程的态度

形 式	应单独设置课程，纳入正规课堂	不需要单独设置，融入某些人文课程即可	应开展主题讲座、在线课堂等非正规课程	没必要开设	其 他
人数	152	198	255	27	8
百分比	23.8%	30.9%	39.8%	4.2%	1.3%

第十章　高校网络民主平台"校长书记信箱"使用效能

第一节　广西高校"书记校长信箱"平台应用现状

2013 年我国开始大规模推行网上信访。作为一种新兴的发扬基层民主、畅听民间言论、了解群众思想的媒介，"领导信箱"如今已普遍走入政府、企事业各级单位官方网站，架起了官方与群众沟通的双向桥梁，激发了群众参政议政的积极性。"领导信箱"实现了"线上"问题"线下"有效处理，成了信息化时代下新时期思想政治工作创新的有效手段。"书记校长信箱"是学校领导倾听师生心声的重要平台，是了解学校各项事业发展的重要途径，是学校党务校务公开的重要组成部分，更是推动学校民主建设的重要载体。"信箱"的使用在一定程度上也体现了高校学生民主参政议政的意识与能力。当前广西高校"书记校长信箱"网络平台接入现状具体如下。

本次调研从用户体验网络民主平台模式的第一阶层入手，即以网络民主平台接入前的用户信息行为的视角，对广西 79 所高校"书记校长信箱"平台接入现状进行调研，包括开通情况、运营状态、公开程度等方面。79 所高校中，38 所高校是本科高校，约占 48.10%，其中独立学院和民办本科共 12 所；37 所高校是专科，约占 45.57%，其中民办专科 12 所；其他学校共 4 所。

一是门户网开通"书记校长信箱"情况：约 56.96% 的高校（45 所）在本校门户网上设置了"书记校长信箱"窗口，约 37.97% 的高校（30 所）没有在门户网上设置相关窗口，但有 1 所高校以留言板的方式开辟了与网民交互的平台。此外还有 3 所高校的门户网无法打开。

二是"书记校长信箱"运营状态：在门户网设置了"信箱"窗口的高校多使用邮箱、网页等方式投送信件，其中约 66.66% 的高校（30 所）使用邮箱方式投送，约 24.44% 的高校（11 所）使用网页方式投送。然而有约 8.89% 的高校（4 所）的窗口链接无效，因而实际上"书记校长信箱"正常运营的高校约占 91.11%（41 所）。

三是"书记校长信箱"信息公开情况：开设了"书记校长信箱"的高校里仅有 5 所高校实现了第三方浏览的信息公开，罗列了投送意见的原文和回复处理情况。

表 10-1　广西高校"书记校长信箱"网络平台使用效能调查汇总

（截至 2023 年 5 月）

序号	高校	类别	是否开通	名　称	投送方式	第三方浏览	链接层级	备注
1	广西大学	本科	是	书记校长信箱	网页	否	2层	按领导分工投送
2	广西师范大学	本科	是	校长邮箱	邮箱	否	1层	
3	广西医科大学	本科	否					
4	广西民族大学	本科	是	校长信箱	邮箱	否	1层	
5	桂林电子科技大学	本科	否					
6	桂林理工大学	本科	是	书记校长信箱	邮箱	否	1层	
7	广西中医药大学	本科	是	领导信箱	邮箱	否	1层	
8	广西科技大学	本科	是	领导信箱	邮箱	否	1层	
9	南宁师范大学	本科	是	书记信箱、校长信箱	邮箱	否	1层	

续 表

序号	高 校	类别	是否开通	名 称	投送方式	第三方浏览	链接层级	备 注
10	广西艺术学院	本科	是	网上信箱	网页	否	2层	
11	桂林医学院	本科	是	书记院长信箱	邮箱	否	0层	
12	右江民族医学院	本科	是	书记、校长信箱	邮箱	否	1层	
13	玉林师范学院	本科	是	书记校长信箱	网页	是	1层	意见回复公开
14	河池学院	本科	是	校长信箱	邮箱	否	1层	
15	广西财经学院	本科	否					
16	梧州学院	本科	是	书记信箱、校长信箱	网页	否	1层	
17	贺州学院	本科	是	领导信箱	邮箱	否	1层	
18	百色学院	本科	是	书记校长信箱			1层	网页无法访问
19	北部湾大学	本科	是	书记信箱、校长信箱	邮箱	否	0层	
20	广西民族师范学院	本科	是	校长信箱	网页	是	1层	意见回复公开
21	桂林航天工业学院	本科	否					
22	桂林旅游学院	本科	是	校领导信箱	邮箱	否	1层	
23	广西科技师范学院	本科	是	书记校长信箱	邮箱	否	1层	
24	广西警察学院	本科	是	书记信箱、校长信箱	邮箱	否	1层	
25	桂林师范高等专科学校	专科	是	书记信箱、校长信箱	邮箱	否	1层	

序号	高校	类别	是否开通	名　称	投送方式	第三方浏览	链接层级	备注
26	广西体育高等专科学校	专科	是	书记、校长信箱	邮箱	否	0层	
27	广西幼儿师范高等专科学校	专科	否					
28	广西职业技术学院	专科	否					
29	南宁职业技术学院	专科	否					
30	柳州职业技术学院	专科	否					
31	广西机电职业技术学院	专科	是	书记信箱、院长信箱			1层	网页无法访问
32	广西水利电力职业技术学院	专科	是	校长信箱、书记信箱	网页	是	1层	意见回复需提取码浏览
33	广西交通职业技术学院	专科	否					
34	广西建设职业技术学院	专科	是	校长信箱	网页	否	1层	
35	广西农业职业技术大学	本科	否					
36	广西生态工程职业技术学院	专科	否					
37	广西国际商务职业技术学院	专科	是	书记、校长信箱			1层	网页无法访问
38	广西工业职业技术学院	专科	否					

续　表

序号	高　校	类别	是否开通	名　称	投送方式	第三方浏览	链接层级	备　注
39	广西经贸职业技术学院	专科	否					
40	广西电力职业技术学院	专科	是	书记信箱、院长信箱	邮箱	否	1层	
41	广西工商职业技术学院	专科	是	院长信箱	邮箱	否	0层	
42	广西卫生职业技术学院	专科	否					
43	柳州铁道职业技术学院	专科	否					
44	广西现代职业技术学院	专科	是	领导信箱	邮箱	否	1层	
45	北海职业学院	专科	否					
46	柳州城市职业学院	专科	否					
47	百色职业学院	专科	否					
48	广西金融职业技术学院	专科	否					
49	广西大学行健文理学院	独立学院	否					
50	桂林学院	本科民办	是	校长信箱	邮箱	否	1层	
51	广西民族大学相思湖学院	本科民办	是	校长信箱	邮箱	否	1层	
52	南宁理工学院	本科民办	是	校长信箱	邮箱	否	1层	

续　表

序号	高　校	类别	是否开通	名　称	投送方式	第三方浏览	链接层级	备注
53	桂林信息科技学院	本科民办	是	校长信箱	邮箱	否	0层	
54	广西中医药大学赛恩斯新医药学院	本科民办	否					
55	柳州工学院	本科民办	是	校长信箱	网页	是	1层	意见回复公开
56	南宁师范大学师园学院	本科民办	是	院领导信箱	邮箱	否	2层	
57	广西外国语学院	专科民办	是	校长信箱	网页	是	1层	意见回复公开
58	南宁学院	本科民办	是	书记信箱、校长信箱	邮箱	否	0层	
59	北海艺术设计学院	本科民办	否					留言板公开意见回复
60	广西演艺职业学院	专科民办	是	院长邮箱	邮箱	否	0层	
61	桂林山水职业学院	专科民办	是	院长信箱	网页	否	1层	
62	广西城市职业大学	本科民办	否					
63	广西英华国际职业学院	专科民办	否					
64	广西工程职业学院	专科民办	否					
65	广西理工职业技术学院	专科民办	否					

续 表

序号	高校	类别	是否开通	名称	投送方式	第三方浏览	链接层级	备注
66	梧州职业学院	专科	是	书记信箱、院长信箱	邮箱	否	0层	
67	广西科技职业学院	专科民办	是	校长信箱、书记信箱	邮箱	否	0层	
68	广西培贤国际职业学院	专科民办	否					
69	玉柴职业技术学院	专科民办	否					
70	广西蓝天航空职业学院	专科民办	否					
71	广西开放大学	公办开放	否					
72	广西教育学院	成人本科	是	书记院长信箱			1层	网页无法访问
73	广西职业师范学院	本科	是	校长信箱	邮箱	否	1层	
74	广西政法管理干部学院	独立公办						网页无法访问
75	崇左幼儿师范高等专科学校	专科	是	校长信箱	邮箱	否	1层	
76	桂林市职工大学	成人	否					
77	北京航空航天大学北海学院	本科民办						网页无法访问
78	广西经济职业学院	专科民办	是	院长信箱	网页	否	1层	
79	广西中远职业学院	专科民办						未查到官网

第二节 个案高校"书记校长信箱"数据挖掘分析

个案高校于 2004 年 10 月在门户网的下一级网站开通"院长邮箱"，2013 年 1 月在门户网启用"书记校长信箱"，并于 2014 年 10 月将"书记校长信箱"意见信息流转至学校协同办公系统进行督办。对比所在地区 79 所院校同类平台（表 10-2），该校"书记校长信箱"平台功能相对完善，还是提供信件内容第三方浏览的三所院校之一。笔者通过后台管理系统收集了个案高校 2016 年春、秋季学期的信箱信息和协同办公系统里的督办流转数据进行文本资料分析。

表 10-2　广西 79 所院校"书记校长信箱"类似平台使用效能统计

分　类	院校类型				接入口	
	本科	公办专科	民办专科	其他	门户网	其他（留言板等）
百分比	48.10%	31.65%	15.19%	5.06%	56.96%	1.27%

分　类	接入口		投送方式		
	无	门户网无法打开	邮箱	网页	链接无效
百分比	37.97%	3.80%	66.66%	24.44%	8.89%

一、独立式学校平台使用效能感促进了大学生网络参与

独立式学校平台是由学校自主开发、建设的一类满足日常教学、管理和服务及学生相关需求的网站、APP 等网络系统。大学生对独立式学校平台的使用往往包含了找寻并访问学校门户网站、找寻相关平台或网站信息、浏览平台信息和实现信息交互等网络参与行为。笔者对比同一地区高校的同一类独立式学校平台发现，平台的使用效能差异巨大（表10-1），而个案高校的"书记校长信箱"建设良好，在学校日常管理工

作中发挥了重要的作用，这与该平台的使用效能较强是分不开的。"书记校长信箱"在大学生的以上网络参与行为中提供了较好的用户体验，还提供了第三方浏览和需要用户权限（必须通过学号或工号登录）的写信功能。个案高校 2016 年春、秋两季学期"书记校长信箱"共收到来信284 条，并且所回复的处理意见 100% 公开给第三方浏览者，除了 2016年 8 月暑假期间没有来信，2016 年 1 月到 2017 年 1 月每个月均有来信，其中最多的一个月来信 33 条，最少一个月来信 3 条（为 7 月，临近暑假）。分析数据发现个案高校对学生来信进行回复的平均耗时为 14.05 天（中位数为 10.95，众数为 7.00），最长耗时 84.89 天，最短耗时 1.44 天。

二、参与议题紧密结合线下校园空间呈现出个性化需求趋势

对"书记校长信箱"收集到的信件进行内容分析得出，来信主要可以分为三大类：日常管理服务类，占比约 50.35%；基础设施维护类，占比约 30.63%；咨询申诉建议类，占比约 19.01%。咨询申诉建议类的来信比重虽然最少，但是反映出大学生个体的线下生活问题也成为学校官方平台的议题之一，这方面主要涉及培养计划、课程学分、兴趣规划、服务建议等内容。经过学校有关部门的讨论，部分学生的申诉意见已经得到了反馈。

信件中，有明确空间概念指向的来信占比约 72.18%，其中，宿舍占比约 52.20%，图书馆占比约 19.02%，校园公共空间占比约 14.63%，教室占比约 7.8%，食堂占比约 6.34%。可见，个案高校大学生在日常学习生活的校园中发现的问题都能够有意识地通过学校官方意见平台进行反馈，宿舍问题占比最高的原因是宿舍是大学生校园线下世界的主要生存空间，且除了宿舍基础设施维护和日常卫生管理问题，宿舍人际交往问题（噪声问题、养宠物问题等）也使得大学生主动使用学校官方平台寻求帮助；图书馆问题占比次高的原因是个案高校新校区启动第二期基础建设工程以后，一直在完善校园基础设施建设，于 2015 年下半年启用了新图书馆。

第十一章 网络对大学生社会性发展的影响调查

　　笔者采取整群抽样方法对广西壮族自治区玉林市 A 大学的 300 名大学生进行调查，共发放问卷 300 份，主要采用集体当场作答、当场回收的方式，回收率达 100%，有效问卷 291 份，问卷的有效率为 97%。回收的有效问卷中，大一 78 人，大二 71 人，大三 65 人，大四 39 人，研一 38 人；男生 142 人，女生 149 人。回收问卷之后，笔者运用 SPSS 13.0 统计软件对调查数据进行单变量描述统计和双变量的相关分析，最后得出研究结论并提出相应建议。

　　为了对研究主题有更深刻的认识和了解，笔者还采用了个人访谈法。由于大学生在网上与他人互动的频率等相关数据没有一个准确的标准，往往因人而异，所以笔者以立意抽样为基础，随机选取大学生作为访谈对象，了解其上网动机、上网的收获及对网络的评价等。

第一节　大学生网络使用状况

一、上网大学生的基本状况

　　在所回收的有效问卷中，大学生的年级结构为大一约占 26.8%，大二约占 24.4%，大三约占 22.3%，大四约占 13.4%，研一约占 13.1%。基于 A 大学男女生人数比例，笔者采用立意抽样，所回收的有效问卷中大学生的性别结构为男生约占 48.8%，女生约占 51.2%。大学生年级、性别分布如图 11-1 所示。同时调查对象在各校区的学科分布不平衡，其专业结构为理工科约占 53.3%，文科约占 37.8%，其他约占 8.9%；调查对象家庭背景也有差异，来自城市的学生约占 19.9%，来自城郊的学生约占 28.9%，来自农村的学生约占 51.2%。

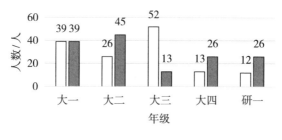

图 11-1　大学生年级性别分布图

（一）大学生上网的目的

多数大学生是带着多重的目的上网的。在网上，他们可以聊天交友、查找资料、听音乐、看电影、浏览新闻，有时还到各大论坛发帖、玩网络游戏等。这些上网目的主要集中在获得各种信息资源、休闲娱乐、聊天交友等方面，如图 11-2 所示。

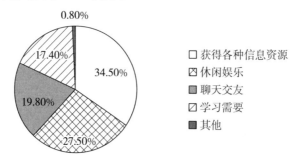

图 11-2　大学生上网的目的

从上面的分布图可以看出：大学生上网以获取信息为主，而后依次是休闲娱乐、聊天交友，还有相当一部分同学上网是出于学习需要。从这些纷繁的上网目的可以看出，网络为获取信息、休闲娱乐、交友提供了便利，从而丰富了大学生的生活。

（二）大学生的网络参与度

网络参与度指的是个体使用网络的程度。本次问卷通过网龄、网络使用频率和上网时长三个指标来测量大学生的网络参与度。具体调查结果显示，在网龄方面，仅有约 4.4% 的大学生网龄在 1 年以内，50% 以上的学生网龄在 4 年以上，这表明大学生多在初中的时候就已经接触了网络；在网络使用频率方面，约 68.9% 的大学生不确定上网频率但间隔时间不长，约 11.1% 的大学生天天上网，仅有约 8.9% 的大学生一星期上一次网，由此可见，上网已经成了大学生几乎每天都要做的事，这更好地说明了网络在大学校园中的普及程度；在上网时长方面，约 46.7% 的大学生平均每天上网 1 ～ 2 小时，而平均每天上网在 3 小时或 3 小时以上的大学生比例约为 47.9%。从这些数据来看，A 大学的学生每周花费在网上的时间还是适中的，在本次调查中没有发现网络的重度使用者，可见大学生在使用网络的过程中能保持理性的头脑。

调查结果显示，网龄在 4 年以上的被调查者中，每周上网时间高达 15 小时以上的约占 29.2%；网龄在 1 年以下的，每周上网时间达 15 小时以上的仅约占 4.1%。笔者对网龄和每周上网时间进行相关性分析，发现两者成极其显著相关（$r=0.431$，$p < 0.01$）。这表明随着网龄增长，学生上网时间有增长的趋势。

不同年级的大学生的上网时间呈现差异性。大一学生中有约 50% 的学生每次上网时间达 3 小时之久，大二学生中有约 63.4% 的学生每次上网时间达 3 小时之久，大三学生中每次上网时间达到 3 小时的学生约为 40%，而大四学生中每次上网时间达到 3 小时的学生仅为约 16.7%。这充分说明，大二学生是使用网络的主体，并且随着年级的升高，大学生的网络意识更加明确，但也不能排除大四学生因面临毕业而没有更多的时间花在网络上的可能性。

在网络参与度上，大学生表现出明显的性别差异：男大学生网龄 2 年以上的比例约为 90.9%，女大学生在此方面比男生低了 30 个百分点；

男大学生一周上网 4 次以上的人数比例约为 18.9%，女大学生则约为 13%；如图 11-3 所示，约 29.6% 的男生平均每次上网 1 ～ 2 个小时，约 65.5% 的男生平均每次上网 3 ～ 4 个小时，而女生平均每次上网时长为 1 ～ 2 小时的约占 65.1%，3 ～ 4 小时的约占 30.2%。从这些结果分析来看，男大学生的网络参与度要高于女大学生，这间接折射出男生对网络的依赖程度比女生的要大。

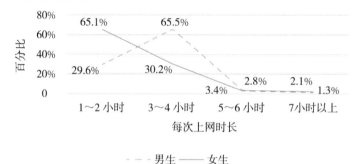

图 11-3　男女大学生每次上网时长比较

（三）大学生的网络依赖度

网络依赖指在无成瘾物质作用下的上网行为冲动失控，表现为由于过度使用互联网而导致个体明显的社会、心理功能损害。网络依赖度则指的是个体对网络依赖的程度，即以个体是否较长时间使用网络、几天不上网个体心理是否会产生不适、上网是否对个体日常工作和生活造成影响等现象为衡量指标。本次调查结果显示，约 33.3% 的大学生上网的预计用时与实际用时基本不相同，约 4.47% 的大学生完全不相同；只有约 8.9% 的大学生认为自己完全不依赖网络，约 91.1% 的大学生对网络存在不同程度的依赖，其中，"一般依赖"的大学生约占总体人数的 48.9%；当不上网时，约 44.4% 的大学生会觉得没意思，更无心做其他的事情。从这些结果来看，大学生当中有相当一部分人对网络的依赖程度较高。

大学生既然对网络较为依赖，那么网络给其学习、生活带来了哪些影响呢？如图 11-4 所示。

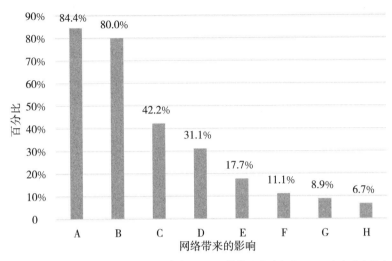

A—增加了信息的来源；B—丰富了业余生活；C—获得了许多知识；D—改变了人际交往方式；E—改变了学习方式；F—有消极影响；G—提高了学习效率；H—没什么影响。

图11-4　网络给大学生学习、生活带来的影响（多选）调查结果

从图11-4可以看出，网络无疑已成为学生获取信息的工具，这与对大学生上网目的的考察结果是一致的。网络中的信息五花八门、纷繁复杂，其中有些信息能够开阔学生的视野，但也存在很多不良信息甚至有害信息，不利于学生成长。在获取信息、人际交往、丰富知识方面，网络都发挥了很大的作用，但网络在改变学生学习方式上尤显无力，只有约8.9%的学生认为网络提高了学习效率。总体来看，网络对大学生产生了很大的影响，这为下面研究网络在何层面发挥作用奠定了基础。

二、网络对大学生个性形成与发展的影响

个性的形成与社会化的过程是相辅相成的。郑杭生认为，当下时代的社会化是与新型现代性实践相适应的。[①]从这个观点出发，个体在社会化中的自主性、主动性、创新性就显得尤为重要。学生经过在学校的学习不仅能掌握一定的文化知识，还能形成一定的道德标准，学会为人

---

① 郑杭生，杨敏．个人的当代形貌：社会化理论的世纪挑战：人的主体性的新发展与以人为本的时代源泉 [J]．河北学刊，2006(3): 73-82.

处世的方式，形成自己的个性。个性的形成与发展是人的社会化中至关重要的一步。笔者基于精神分析学者弗洛伊德（Freud）的人格发展理论，将大学生的个性社会化操作化为性格行为、自我认知、人际交往三个维度。

（一）性格行为

弗洛伊德在 1923 年的著作《自我与本我》中把"本我"看作是人格（个性）的动力，认为为了追求人格的满足，人会无节制地实施会使自己快乐的行为。在现实生活中，人们也经常说习惯决定人的行为，行为决定性格，性格决定命运。其实行为方式既是性格的体现，又能影响性格，两者的关系比较紧密。大学生正处于性格形成阶段，大学期间参加的活动及养成的行为习惯无疑会对其性格的形成有一定的影响。上网是大学生业余时间进行的较频繁的活动，其对大学生性格的影响如下所示。表11-1 为对大学生性格与家庭背景的调查。

表 11-1　大学生性格、家庭背景统计

家庭背景	性 格		
	内向	中等	外向
城市	7	52	7
城郊	7	65	12
农村	51	78	12

由表 11-1 可以看出，大多数大学生认为自己属于中等性格，而自认为性格内向的大学生 65 人、占比约 22.3%，仅有 31 人、占比约 10.7% 表示自己性格比较外向。同时，大学生的性格和其家庭背景有一定的关系，性格内向的人中有约 78.5% 来自农村。原因可能是多数城市大学生生活条件优裕，受教育环境良好，接触社会较多，接受事物较快，因而大多表现出活泼外向的个性特点；而农村大学生的成长环境相对单一，参加社会活动的机会较少，与城市大学生相比，他们的生活圈相对狭小，进入大学

后，面对陌生的环境、复杂的人际关系，常常表现为保守和内向。

本次调查结果显示，大学生上网行为与其性格之间的关系密切。自认为性格内向的大学生中约有 17.8% 的学生"不确定上网频率但间隔不长"；自认为性格中等的大学生中"不确定上网频率但间隔不长"的人数比例约为 44.4%；而自认为性格外向的大学生经常上网的比例仅占约 6.7%。这些数字说明，性格外向的大学生的上网频率不是很高，而性格内向与性格中等的大学生更倾向于上网。

（二）自我认知

所谓自我认知就是认识自己，也叫自我意识或自我，是个体对自己存在的觉察，包括对自己的行为和心理状态的认知。在弗洛伊德看来，"自我"使本能现实化、理性化了，它已从非理性的本我中分化出来，代表了人格中理智和意识的部分，其行为准则是"现实原则"，它根据现实条件和客观环境来调整本我与外部世界的关系，在不造成更大的痛苦的前提下满足本我的需要。

大学生处于成长的特殊时期，其自我评价的发展明显具有独立性。网络使他们自我意识的发展过程中出现了"理想的我"与"现实的我"、"主体的我"与"社会的我"的矛盾。为了了解大学生网络方面的自我认知状况，笔者从"我认为自己在网络中的人际交往能力""我在网友中的印象""我使用网络的能力"三个方面来调查，如表 11-2 所示。调查结果表明，当代大学生社会自我认识状况多为一般、比较好，而自认为比较差和很差的比例较小。

表 11-2 大学生网络方面的自我认知状况

问题	选项				
	很好	比较好	一般	比较差	很差
我认为自己在网络中的人际交往能力	8.9%	17.7%	55.6%	15.6%	2.2%
我在网友眼中的印象	13.3%	31.1%	51.1%	4.4%	0.1%
我使用网络的能力	11.1%	13.3%	66.7%	8.9%	0

在"网络可以更真实地表现自我，有利于我的个性发展"这个观点上，约 66.7% 的大学生表示认同，由此可见，大学生把网络视为一个展现自我的平台；在大学生的自我认识与网友对自己的认识的一致性程度方面，约 40.9% 的学生觉得自我认识与网友对自己的认识基本一致，仅有约 2.5% 的学生认为两者很一致。库利（Cooley）在 1902 年出版的《人类本性与社会秩序》中提出，我们对自己的认识是从他人对我们的印象中得来的，就如同照镜子一样，我们所看到的"自我"就是自己在镜子里的影像。米德（Mead）的"一般化他人"理论也说明"自我是逐步发展的。它并非与生俱来，而是在社会经验与活动的过程中产生的"①。从目前大学生的自我认知状态来看，他们侧重于从自己的角度来认识自己，而较少注意到他人对自己的看法，尤其在网络中，大学生更是把自己的个性自由摆在第一位。总体看来，大学生通过他人来认识自己的意识不够，其认知尚未达到"一般化他人"的阶段，网络作为一种外在因素，对大学生通过他人来认识自己的影响不大。

（三）人际交往

在弗洛伊德看来，"超我"指的是道德化的自我，代表了儿童时期所认同的双亲或社会的道德要求和行为标准，用自我理想来确立行为目标，用良心来监督行为过程，使自我摆脱本我的纠缠，按照社会规范和要求活动。一个人的人际交往能力是其"超我"的一种表现。良好的人际交往能力以及良好的人际关系是大学生生存和发展的必要条件，也是衡量一个人个性社会化的标准之一。

在同学关系方面，大学生的交往圈子较小，主要集中在校园内；虽然大学生对待宿舍关系多持有宽容的心态，但宿舍中的潜在矛盾还是存在的；一部分表现积极或担任班干部的大学生与教师的关系比较好，而性格内向的学生在此方面欠佳。大学生人际交往过程中存在诸多问题，然而在本次调查中，超过五成的大学生自我感觉人际交往状况较好，也就可以推出他们没有想到要改善自己当前的人际关系状况。为何会出现

---

① 米德.自我、心灵与社会 [M].赵月瑟，译.上海：上海译文出版社，1992：120.

这样一种局面？笔者试图把网络作为一个考察因素来加以探讨，如下所示。

随着网络技术的发展，虚拟世界逐渐成为大学生的精神家园。在网络社会中的交际是否弱化了大学生在现实生活中的社会交往能力、语言表达能力和辨别是非能力？对此，笔者对大学生的上网动机和人际交往之间的关系进行了皮尔逊相关分析，结果如表 11-3 所示。

表 11-3　大学生上网动机与人际交往的皮尔逊相关系数（N=291）

上网动机	人际交往		
	同学关系	寝室关系	师生关系
信息动机上网	0.20**	0.08	0.07
娱乐动机上网	−0.18**	−0.10	−0.11*
交际动机上网	−0.08	−0.23**	−0.09
学习动机上网	0.15**	0.12**	0.14**

从表 11-3 可以看出，在同学关系上，学习动机上网和信息动机上网均与之有非常显著的正相关关系（$p < 0.01$），娱乐动机上网与之有显著的负相关关系；在寝室关系上，学习动机上网与之有显著的正相关关系（$p < 0.01$），交际动机上网与之有显著的负相关关系；在师生关系上，学习动机上网与之有非常显著的正相关关系（$p < 0.01$），娱乐动机上网与之有显著的负相关关系（$p < 0.05$）。人际交往是人与人相互传递信息、沟通思想和交流感情的过程，通过分析得知，学习动机上网与人际交往的关系密切，网络无疑为大学生提供了一个能够交友、休闲的场所，使其人际交往的空间更大、机会更多。

第二节　网络对大学生履行社会规范的影响

如果从研究文化的角度来看，社会化的内容就是个人学习和掌握社会文化。大学生是相对高素质的群体，其一言一行应在一定的价值体系内进行，并以应有的行为规范为准则，顺利实现社会化。然而互联网的出现不仅带来了经济和技术上的变革，还导致整个社会文化发生了重大变化。在信息技术革命迅猛发展的今天，网络正以无法阻挡之势对大学生履行社会规范的情况产生巨大的影响和冲击。

社会规范指的是社会成员必须履行的行为准则，其作用在于调整个人与他人、个人与社会、团体与团体、团体与社会等各种社会关系。社会规范的内容十分丰富，主要分为法律规范和道德规范两种。大学生在此方面的表现在总体上难以量化，所以笔者主要结合大学生学校生活的特点，选取了学校纪律、网络文明、乐于助人三个指标对社会规范加以操作化并进行分析。

一、学校纪律

在学校纪律方面，笔者观察到有相当一部分大学生对学校的相关规定置之不理，如规定每个学生进出公寓必须出示学生证，并有相关的门岗人员负责监督，但在实际操作过程中，大学生经常以"我忘记带了""在书包里，不方便拿""一个学生证代表我们两个人"等借口拒绝出示学生证，这种现象说明大学生遵守学校纪律的意识比较薄弱。

二、网络文明

接受调查的大部分学生表示，有必要建立网络道德文明机制。笔者认为应加强网络教育，特别应该在德育课中增加"网风"与"网德"教育，引导上网者对巨量的网络信息持扬弃的态度。网络是一个自由的传播媒体，上网者具有很强的自主性，这就给上网者的道德自律提出了更高的要求。高校要通过积极引导使广大大学生网民做到自我塑造、自我约束，从而做到文明上网。

高校应引导学生处理好虚拟世界与现实世界的关系、休闲娱乐与学习的关系；指导学生将时间和精力用到学习和创造当中去，让学生从被动地接受各种网络信息转为主动地将精力用到学习网络知识技能上，杜绝浏览不良网站的行为，消除不良信息给学生造成的影响；让学生体会网络的平等性、开放性和互动性的特点，寓教于乐，引导学生收集有用的信息，从而进一步培养学生的网络技能和网络道德。

三、乐于助人

调查显示，大学生对他人较为关心，约97%的大学生表示会主动帮助遇到困难的同学，约41.9%的大学生愿意对陌生人伸出援助之手，约41.4%的大学生面对乞丐愿意"视其情况而决定是否给他一点零钱"。

综合来看，大学生在"乐于助人"方面的表现明显优于其他方面，在现实社会规范上的表现较好，但是在网络中，大学生遵守社会规范的意识较为薄弱。网络具有巨大影响力，会对现实社会的法律和道德规范形成极大的冲击，网络黑客就是例子。主要原因是网络具有匿名性，这就很容易导致网上行为的随意性。大学生由于自我控制能力欠佳，很容易把这种随意任性的网上行为带入现实生活，从而使得道德感、责任感弱化，个人社会化的进程滞后。高校和社会应重视网络对大学生履行社会规范的影响。

第三节　网络对大学生掌握生活技能、扮演社会角色的影响

一个人要社会化，首先必须接受必要的社会教育，掌握社会生活所必需的基本知识、技能、本领，这样才能在社会中生存；其次应在学习知识、培养智力和能力的基础上使自己达到较高的理想要求；最后满足

社会对于独立群体的角色要求，成为知识丰富、个性鲜明、人格健全、接受社会主导价值标准和行为准则的全面发展的人才。在大学生社会化的过程中，最基础的内容就是掌握生活技能，最终的目的就是成为合格的社会人才。网络作为一种先进工具，具有容量大、传播速度快的特点，其对大学生掌握生活技能、扮演社会角色方面有着较大的影响。

一、网络对大学生掌握生活技能的影响

生活技能社会化是一个人在现代化社会中生存和发展的前提，学习和掌握一定的生活技能是大学生社会化的一项重要内容。生活技能需要大学生在大学阶段的集体生活中获得，它可以从两方面来理解：一是基本的生活自理能力，二是初步的谋生能力。生活自理能力包括正确地认识自己的情绪、合理安排生活和协调人际关系等，作为在校大学生，这一方面最为基本。谋生能力是一个人能否参与社会生活的基本条件，大学生谋生能力的获得一般是通过专业知识的学习和实践来完成的。

（一）生活自理能力

1. 认识自己的情绪

网络会对大学生的情绪造成一定的影响。在笔者的调查中，约44.4%的大学生表示在上网时会偶尔感觉心里烦闷，无心做其他事情；约15.6%的学生表示，如果连续三天不上网，会感到紧张；约60%的大学生认为网络更多是给自己带来积极的情绪体验，对此有约6.6%的大学生持相反的观点。

2. 合理安排生活

学习、娱乐、洗衣服和打扫宿舍卫生等无疑是大学生生活中最司空见惯的事情。面对这些事情，大学生是随心所欲地去做，还是有计划地合理安排每一天的生活呢？在个人访谈中，笔者了解到多数大学生能够对日常生活进行合理安排，但网络的使用会打破这种规律性，前文调查也显示，约33.3%的大学生表示其上网前的预计用时与实际用时不相同（或者上网前准备做的事情与实际做的事情不相同）。

3. 协调人际关系

大学生的人际关系主要包括同学关系、寝室关系和师生关系。网络的出现丰富了大学生的交流方式，尤其是增进了大学生与陌生人之间的交流。在对大学生人际关系的影响上，网络扮演了一个重要的角色。笔者从访谈中得知，大部分大学生认为网络有助于拓展他们的朋友圈子，有助于增进友谊和亲密关系，而且网络中与朋友的交往是一种跨越学习、工作和生活变迁的联系；网络在对寝室关系的影响上无明显的差异；就师生关系而言，网络已成为大学生与教师交往的重要工具。

（二）谋生能力

大学生的谋生能力主要体现在对知识的学习和实践活动上。本次调查中，2/3 左右的大学生表示对其专业知识掌握良好，业余时间他们还会看一些其他专业的书籍；很多大学生对参加学校的社团、协会较为积极。值得一提的是，有部分大学生会在业余时间做家教或者到某个单位实习，其中部分原因与大学生的消费有关。据了解，大学生的生活费主要来源于父母，虽然一些大学生可以通过努力学习得到个人奖学金来减轻消费负担，但这个比例相对较小，于是有些大学生就靠做家教等方式赚取生活费，使其收入大于消费支出。这种行为说明，大学生具备一定的谋生能力。

大学生要很好地适应社会，就要积极了解和掌握科学技术及其发展的新成果，构建一个比较合理和完整的知识结构，以适应未来走上社会所进行的社会生产实践活动的需要。网络作为科学技术发展的一个标志，其对大学生谋生能力的影响主要体现在知识的学习和技能的掌握上。

1. 知识的学习

网络的产生为信息共享提供了以前难以想象的可能。网络给人们提供了更多接触信息的机会。信息量的增加、信息更新频率的加快对于增加人们的见识、刺激人们的创新意识、强化和优化人的智力和心力起到了积极作用。[1]在前面笔者已经提到，大学生上网的主要目的是获取信息。

---

[1]　韩小谦. 信息技术·文化·知识：浅谈信息技术文化 [J]. 自然辩证法研究，1999(7)：45-49.

网络所传播的是全球信息，成千上万个数字图书馆、数字博物馆，以及视频、音频等多媒体信息使网络成了取之不尽的"信息海洋"。网络的出现提高了社会文化、教育机会及受教育水平、个人的努力程度等不同的人们之间的知识差距缩短的可能性。[①]

2. 技能的掌握

在网络上，信息查询、传播和接收时常处于技术的影响和制约之下。掌握技术意味着拥有使用信息的主动权，也往往意味着认知机会的增加，相反技术水平的滞后则会影响人们对信息的把握。在知识经济的挑战下，对网络技术的掌握程度会影响学生个体在社会中的生存能力。2005 年，联合国重新定义"文盲"，将"不能使用计算机进行学习、交流和管理的人"划为文盲。笔者就大学生使用网络的能力进行了调查，如表 11-4 所示。

表 11-4 大学生使用网络的能力

选 项	人 数	百分比
很好	32	11.0%
比较好	46	15.8%
一般	194	66.7%
比较差	19	6.5%

从上表可以看出，大学生使用网络的能力较为一般，但使用网络能力比较差的大学生仅占约 6.5%，这说明多数大学生紧跟时代的步伐，能适应社会潮流，而且能意识到使用网络能力的重要性。随着计算机等级考试在大学校园的推广，网络对大学生技能掌握方面的影响更为突出，大学生能够更加积极主动地学习计算机知识，增强使用网络的能力，对计算机和网络的熟练使用已成为大学生在社会生存的必要技能之一。

---

① 孟威. 网络互动：意义诠释与规则探讨 [D]. 北京：中国社会科学院研究生院，2002.

二、网络对大学生扮演社会角色的影响

莎士比亚（Shakespeare）的《皆大欢喜》中有一句名言："全世界是一个大舞台，所有的男男女女不过是一些演员；他们都有下场的时候，也有上场的时候。一个人的一生中扮演着好几个角色。"个体的成长其实就是通过参与社会生活，适应并把握一定的社会关系，在社会化的过程中承担社会角色的过程。个体在社会中的身份不是单一的，往往承担着多个不同的角色，且各种角色均有各自的行为规范，同时，他人也会对个体提出符合他身份、地位的各种期望，要求个体成为理想的多种角色。当这些角色对个人的期待产生矛盾、难以取得一致时，就会出现角色冲突。因此，个体需要确认自己在特定群体或社会结构中的地位，领悟并遵从群体和社会对这一地位的角色期待，学会如何顺利完成角色义务，以表现合宜的角色行为。这个过程就是角色社会化。

在考察网络对大学生扮演社会角色的影响时，笔者较多关注的是大学生群体所扮演的网络角色的类型，他们如何实现网络角色到现实角色的过渡，以及这种"过渡"给这个群体自身带来了多大的影响？为了回答这些问题，笔者把网络中大学生的角色社会化细化为"自我身份认同""和现实角色的心理距离""价值实现度"这三个向度。统计所调查的资料在每个向度中的不同等级中所占的比例，并借助个人访谈法和观察法，反映大学生群体在网络环境中的角色社会化。

笔者通过大学生在网络中的角色认知、网络角色和现实角色间的差距、上网后的感受三个向度来反映这个群体的角色社会化。此研究的理论依据是以美国社会学家米德等为代表的符号互动论学派总结的"角色社会化"理论。角色社会化包括角色认知阶段、角色移情阶段和角色行为阶段。本节涉及的三个向度在本质上依次与角色认知、角色移情和角色行为相对应。

（一）大学生在网络中的角色认知

在角色社会化的过程中，角色认知阶段一马当先。为了能够以一种有序的、内部一致的方式行动，一个人必须定义环境：谁是环境中的他人，谁是环境中的自我。这里的"谁是环境中的自我"指的就是角色的

认知，即自我身份认同问题。一个人进入一个新的环境后，对自我身份认同的清晰程度影响着所处环境的融洽与否，同时决定着角色在新环境中的"扮演"情况，这对角色自身的发展有着非常重要的作用。大学生在网络中，无论是 QQ、微信聊天，进入虚拟社区发帖回帖，还是玩游戏，都要有一个身份认定，如 QQ 需要有一个号码，并根据自己的意愿进行一些设置；要想在虚拟社区发言同样要注册一个身份 ID，然后通过个人信息管理来设定自己的角色；玩网络游戏也是这样的道理，在开始玩之前，要给自己设定一个身份。由于在网络中不同的网上行为会涉及不同的角色扮演，因此大学生要上网，就要先对自己的角色有比较明确的认识和认可，否则会影响自己在网络中的互动。

在角色认知方面，笔者调查显示，约 62.2% 的学生认为在网络中自己仍然是学生的身份，而在上网时不把自己当作学生来看待的大学生比例约为 22.2%；对于某些虚拟社区或团体，仅有约 26.7% 的学生认为自己是其中的一员；约 51.2% 的大学生不认为自己要有责任感。由此可以看出，大学生的角色认知尚欠成熟，他们不认为自己因参与到网络中角色就有所改变，仍然把角色定位于"学生"，对网络角色的认识不够清楚。

（二）大学生网络角色和现实角色间的差距

角色移情不仅是认知水平上还是情绪水平上进入角色的能力，也就是说不但知道而且体验到角色。换句话说，就是行为主体不仅意识到自己的角色，还在行为上和他人对此角色的期待保持步调一致。符号互动论的"角色移情"强调角色主体应努力缩短同角色规范、生活环境的距离。如果个体仅仅意识到自己应该承担该角色，而不从内心去认同，就容易由于未能做到移情而陷入角色冲突。笔者认为，大学生在网络中的"认知平衡"或者说"角色移情"集中表现为网络角色与现实角色之间的差距。

1. 完全相同模式（角色吻合）

一些大学生上网时会使用和现实中身份相同的个人资料。例如，QQ、微信聊天是大学生上网时常做的事情，当他们将 QQ、微信作为一个和亲朋好友保持联系的即时通信工具时，他们的虚拟身份和现实身份完全一样，这种模式就被称为完全相同模式。

2. 有限相同模式（角色一致）

在大多数情况下，大学生不会把自己现实社会身份的所有信息提供给网络中的联系人。在 QQ、微信、博客、微博等虚拟社区中，他们通常会透露关于自身身份的部分信息，如职业、性别等，即有限相同模式。在这种模式下，个人提供的信息并不是假的，而只是不完全。换句话说，在某种程度上，某人在网络中的个人信息对个别对象是匿名的。但是，其虚拟身份和其现实中的身份并不矛盾。在这种模式下，有限的信任就建立了起来，为人们提供了建立弱社会联系和扩展社会关系网络的可能。

3 双面性和多重身份

网络使大学生能够在学习、生活、娱乐、交友等不同的情境下，抛弃了社会背景，更多地张扬本我意识。网络中的角色体认更多是追求一种本我意识的张扬——满足自己最深层的生理需求与欲望；或者是追求一种超我的典范——在网络中塑造一种完全不同于现实人格的自我想象中的理想人格，这就在很大程度上使网络主体与现实自我分离。

（三）大学生上网后的感受

角色行为阶段是角色社会化的最后一个阶段，符号互动论学派的社会学家进一步对角色行为阶段进行了论述，提出了"角色形成"的概念。角色形成并不仅是简单的角色扮演，还意味着个人积极地参与撰写和修改他的"脚本"。关于大学生网络角色的成功与否，笔者从"大学生上网后的感受"这个指标来衡量，接受笔者调查的大学生多认为网络使自己感到生活更加生动有趣、网络增强了课本之外知识的学习兴趣，也有很多大学生担心迷恋网络会影响自己正常的学习生活。由此得知，大学生总体上认为网络角色的价值实现度较好，他们能从网上行为中得到满足感。

教育实践

　　校园生活是大学生不断发展线上、线下世界的对象性实践活动的规定性统一的主阵地，围绕个案高校开展的质性和量化混合的研究全面地梳理分析出当前大学生在线上、线下世界融合的校园生活样态，并且验证了理论研究构建的线上、线下世界融合的校园生活与大学生社会性发展的关系理论模型，为当代大学生社会性发展的教育与指导提供了一种新的研究思路。线上、线下世界融合是当今时代互联网创新发展的方向，于个体发展而言，是客观的存在追求。面对人类总是在"追赶"的不期而至的网络化生存境遇，大学生的社会性发展路径包含了"个体—群体—社会"的全过程，高校可以尝试应用管理学研究中的"公共生产"理论，对大学生突破群体利益的边界向社会的转向展开研究教育实践。其中提高大学生的理性思维能力是推进线上、线下世界融合的对象性实践活动良性发展的当务之急。只有培育个体内在的、非对象性的主体性精神才能使网络化行动研究者在外部考察主体间性时形成自律机制，在与其他社会个体的对象性实践活动中达成自我的类存在追求，形成"凭借信息交流和网络沟通穿越了各种集体边界的真正意义的社会认同"。

第十二章 网络环境下大学生社会化引导对策

大学阶段是大学生完成社会化的重要时期，而网络环境正在潜移默化地影响着大学生社会化的进程。高校作为人才培养的重要基地，担负着向社会输送高素质创新型人才、合格型人才和可靠型人才的重任。如何在繁杂的网络环境下引导大学生更好地完成社会化已经成为整个社会特别是高校亟须解决的问题。

第一节 大学生思想政治教育网络化变革

高校的思想政治教育工作在培养和塑造高素质人才方面处于重要地位，且在帮助大学生完成社会化的过程中发挥着至关重要的作用，而网络对大学生社会化的影响是有目共睹的。因此，针对当前大学生社会化中存在的问题，应积极探讨网络环境下加强和改进高校思想政治教育的措施，这对促进大学生社会化的良性发展具有十分重要的意义。

一、转换思想政治教育方式

中共中央、国务院《关于进一步加强和改进大学生思想政治教育的意见》发出以来，高校专职从事大学生思想政治教育工作的人员数量得到了充实和完善。这不仅解决了怎么从"没人干"到"有人干"的问题，还解决了怎么从"有人干"到"怎么干"的问题，高校的思想政治教育工作向职业化、专业化的目标迈进。然而，目前不少高校的思想政治教育工作还有一定不足。高校要转变教育理念，创新教育模式，使思想政治教育工作更快更好地达到预期效果。

网络环境下的大学生社会化需要高校充分发挥思想政治教育的育人作用，为大学生社会化做好引导、保障和服务工作。

首先，高校要转变传统的思想政治教育观念和教学模式，紧跟时代的发展脚步。思想政治教育旨在使学生学习做人、学会做人，其内容涉及政治、思想、道德、法律等诸多方面。除了通过传统的授课途径，各大高校还要充分利用所创办的校报、校刊、校广播台、校园论坛等向大学生进行针对性的思想政治教育和宣传，让这些媒介发挥自己的独特优势。例如，在通过校报进行思想政治教育时，除了所报道内容要详细，还要在标题上下功夫，最好能让人过目不忘；校刊便于反复阅读，有较强的弥散传播性，因此校刊内容要具有一定的深度和广度，以便为读者留下思考的空间；广播台是利用声音来传递信息的，利用校广播台进行思想政治教育时，要注意语言的通俗、精炼，以便学生理解和接受；校园论坛具有开放性，只要加大宣传力度，就能吸引大学生踊跃参与其中。在通过网络对大学生进行思想政治教育时，要时刻关注大学生的心理动向，一旦大学生的思想情绪出现波动，就应对大学生进行正确引导。总而言之，无论是传统媒介还是新兴媒介，只要利用得好，都能对大学生的成长起到潜移默化的促进作用。

其次，高校要提高教育主体自身的网络思想政治教育水平。教师是教育的主体，学生是教育的客体。由于每个学生的情况不同，精神需求也不一样。因此，高校教师要对学生进行正面启发和引导，因材施教，以满足不同层次学生的精神需求。这是教育工作的重点，也是高校评判教师教育工作是否取得成效的重要衡量标准之一。在网络冲击着传统的思想政治教育工作的当下，高校思想政治教育工作者要做到与时俱进，既要具备扎实的理论知识，又要不断提升自身的网络素养，紧扣实效性，找出大学生热衷网络世界的原因。为此，高校思想政治教育工作者也要和大学生一样，及时了解网络中的最新信息，掌握大学生的最新思想动态，挖掘大学生感兴趣的网络话题，并且把网络媒体的相关功能灵活地运用到思想政治教育的工作中，以增强教育内容的形象性、趣味性，使思想政治教育富有吸引力和感染力。

最后，高校要充分发挥学生骨干队伍的阵地前哨作用。为了让高校思想政治教育队伍更加充实，高校可以尝试在学生当中选拔一批思想政治觉悟高、综合素质能力强的骨干分子，将其纳入思想政治教育队伍中来。这些学生骨干大多是学生干部或学生党员，由于他们与其他同学共同学习和生活，因此能第一时间掌握周围同学的网络舆论动向。同时，高校思想政治教育工作者要组织学生骨干定期在学生中进行网络舆情检测，让他们积极协助教师做好网络监控和舆论引导工作。另外，高校的思想政治教育职能部门要积极采纳学生骨干的意见，丰富思想政治教育内容，以吸引更多大学生积极参与其中，从而在无形之中提高大学生的思想道德素质和精神品位。

二、加强网络道德教育

网络不仅把人类社会的科学、技术、知识不断推向前进，还使人类的道德水平不断向前发展。然而，任何事物都具有两面性，在网络推进人类道德发展的同时，它的负面效应也显现出来。现如今网络上低俗信息泛滥成灾，网络不道德行为有愈演愈烈之势，而大学生群体也成为网络不道德行为的重灾区。如何应对与解决这些问题已成为当今高校道德教育面临的首要任务。这就要求高校的道德教育职能部门充分认识到网络道德教育对大学生社会化的重要性，要想学生之所想，以解决他们的实际需要为出发点。通过各种途径将网络道德教育工作开展得丰富多彩、富有成效；同时通过宣传、教育的形式，纠正大学生的网络不道德行为，帮助他们树立正确的道德观念，将网络道德教育的作用淋漓尽致地发挥出来。

目前，网站的种类繁多，但是道德教育类的网站却是凤毛麟角。各高校可以将网络方便、快捷、灵活的优势与道德教育内容牢牢结合在一起，让道德教育搭上网络这列快车，将道德教育以图文并茂的、能引起学生广泛参与的形式向大学生传播，提高网络道德教育的及时性和实效性，扩大师生之间、学生之间的交流面。同时，高校要紧随时代步伐，及时更新校园道德教育网站的相关信息，以供学生浏览和学习。另外，大学生在校园这个"小社会"里学习和生活期间，会遇到各种各样的困难，思想情绪免不了波动。这时高校教育工作者要及时关爱他们，真正解决他们的实际困难，使学生切实感受到来自学校的关怀。绝大多数大学生的网络道德观念是积极、健康、向上的，但也有一小部分大学生的网络道德观还有待进一步完善。高校应该重新定位大学生的网络道德教育工作，从培养学生的道德主体性入手，全面塑造大学生的网络道德人格。

首先，高校要加快建设网络道德精品课程，用优秀的课程引导大学生树立良好的网络道德观念，完善自己的人格。应通过带领大学生讨论网络道德失范案例，对大学生心中存在的错误思想观念及时予以纠正。在此过程中，大学生的思想观念会经历反思、沉淀和积累这一过程，最终大学生会形成良好的思想道德观念，增强法律意识、责任意识，养成尊重他人，关爱他人的习惯，从而达到自我道德教育的目的。

其次，大学生要在网络中自觉实行有效的自我管理，学会自我调节并理性对待人与网络之间的关系，既能合理使用虚拟空间，又能理性地走出虚拟空间，在现实社会中游刃有余。

最后，学校教育应该是他律与自律的统一。他律是指道德主体按照现有的道德规范来约束自己的道德行为。自律是指道德主体发自内心地自觉地认同社会规范，即从被动的接受者变为主动的执行者。如今，大学生主要以他律为主，因此高校应从培养大学生的自律意识入手，通过开展活动，如寝室设计大赛、爱心义卖活动等，使大学生在此过程中提高责任意识，达到自我教育和自我管理的目的；同时，这些活动能磨炼学生的意志，培养学生吃苦耐劳、勇于创新的创业精神。

三、加强网络伦理体系建设

网络以海量信息向大学生展现出了一个全新的世界，大学生在这里可以不受时空限制，无拘无束地与任何人进行交流，展现最真实的自我。同时，网络使人际交往的"面具性"在网络环境中被充分放大而变得更富有戏剧性、伪装性。人们可以通过网络空间发泄不良情绪、释放心理压力，从而使身心得到放松，这也使人的侵略性和占有欲在网络环境下变得更加难以节制，因此自制力不强的人在网上很容易冲破道德底线，做出一些有悖于伦理的事情。大学生虽然文化素质较高，但人生观和世界观正处于发展阶段，心理机制尚未发育成熟，缺乏现实社会体验，易被他人的思想观念所左右。因此，高校教育工作的当务之急是构建一套完整的、行之有效的网络伦理教育体系，从源头上避免大学生网络道德失范行为的发生。

首先，高校要积极参与到网络规章制度的规划和制订中来。高校应规定大学生上网前需接受严格的道德伦理和法律法规培训，使大学生知法、懂法、守法，使大学生能够及时调整在网上的行为，增强法律意识，增强社会责任感。其次，高校要鼓励学生"自省"和"慎独"。"自省"即自我反省；"慎独"是指个人在独自活动且无人监督的情况下，凭借个人的高度自觉性来约束自己的行动。这是个人伦理道德水平修养的最理想境界。只有达到这一境界，才能使网络伦理道德意识内化于心，整个网络空间也就能成为有序、理性、道德的社会。最后，高校应开设网络伦理道德系列课程供大学生选修，让大学生根据自身需要去选择学习，并在学习中不断地巩固和强化这些理论知识，自觉规范自己的上网行为，共同努力，使网络空间得到净化。

四、打造社会环境支撑系统

随着经济不断发展、开放程度不断深化，社会环境日益复杂。这会对大学生的思想观念产生影响。因此，高校的教育工作者要时刻保持清醒的头脑，要协同社会力量，制订有效的引导策略，使大学生更好地适应社会环境。

第一，落实校外社会实践的基地和机制，发挥社会合力的作用。社会生活在本质上是实践的，实践是人的存在方式，实践是大学生社会化的必经之路。因此，要鼓励大学生走出去，在社会实践中锻炼自己，学习和掌握社会规范，提高人际交往能力。多种多样的社会实践活动有助于大学生减少上网的频率，减轻对网络的依赖，回归现实生活。

高校要全面贯彻党的教育方针、政策，有目的、有计划、有组织地开展大学生社会实践活动，培养适应社会发展的高素质人才。始终坚持"三个结合"，即教育和实践相结合、主体和指导相结合、时代和创新相结合，保障实践活动的顺利开展。在社会实践活动中，大学生要学会把已掌握的理论知识灵活地运用到实践操作中，通过社会实践全面客观地评价自己，重新定位自我，不断增强社会责任感、历史使命感，培养团队合作精神，提高社会适应能力，为进入社会、缩短角色转换周期奠定良好基础。

第二，构建网络参与的良性互动机制。网络参与是大学生完成社会化的重要环节。网络参与，使大学生的学习、生活发生变化，这本身就是一个自我教育的过程，对获取更多的信息资源、增加对社会和政治的关注度与参与度、实现社会化等具有重要的意义。网络中存在着不同的虚拟组织，其种类繁多，涵盖社交、消费、娱乐等各个方面。部分学生曾经或正在参与这类网络组织，随着网络覆盖面的扩大，这个比例会越来越高。网络中的虚拟组织与现实生活中的正式组织和非正式组织有本质上的区别。从理论层面分析，在网络中，人们可以跨越国界、种族、信仰等因素进行交流，并因相同的兴趣爱好或共同的奋斗目标而结成"讨论组"。这种组织都是在网络中产生的，从而构成了新的社会群体关系。大学生可通过对这些网络组织的创建、管理去提升自身的能力与素质。但是网络组织也具有两面性，它既有有利于大学生健康成长的一面，又有不利于大学生健康成长的一面。面对形形色色的网络组织，大学生要时刻保持清醒的头脑，提高对信息的判断能力，理智地参与网络组织。

第三，完善大学生网络参与的制度，提高大学生的守规意识。大学生网络参与的制度建设应该包括三个方面：大学生网络参与的法律制定工作；大学生网络参与的一般性规定制定工作；学校对于大学生网络参与的规定制定工作。我国在这方面尚处于探索阶段，因此要加快完善大学生网络参与的制度，才能使大学生更好地进行网络参与、完成社会化。

虽然网络环境在一定程度上给当代大学生社会化带来了负面冲击，但不能由于网络的消极影响而盲目限制大学生上网，这并不能从根本意义上解决大学生社会化中存在的问题。堵不如疏，问题的关键是使大学生能够理性客观地对待网络、合理利用网络，让网络成为大学生学习生活的有益工具，从而促进他们健康成长，顺利完成社会化。

第二节　大学校园文化建设的线上线下互动

大学校园就像一个微缩的"社会"，大学生在这个"社会"里学习和生活，感受着校园文化对自己潜移默化的影响。从社会学的角度看，高校校园文化的丰富多彩和吸引力对大学生的社会化起着引导作用，能够提高大学生走向社会的能力和自信心，因此意义重大，需要加强建设。

一、加强校园文化的建设与优化

高校校园文化对大学生个性素质的形成与发展具有重要影响。一方面，它为大学生搭建了展示个性的舞台，使其各种愿望能够得到满足；另一方面，它为大学生个性发展拓展了空间，使其个性品质得以塑造。总之，校园文化为大学生培养个性素质创造了有利条件，能够使其整体个性得以完善。加强建设与优化校园文化有以下几点需注意。

（一）注重非智力因素，优化大学生的个性素质

不应只以学生的考试成绩来衡量人才培养质量，已有大量实例证明，平时在学校里成绩优异的学生走向社会后不一定能很好地适应社会生活；那些成绩平平的学生如果有良好的交际能力、团队协作能力、创新能力以及心理调适能力，就可能在社会中取得成功。这说明智力因素并不是学生社会化成功的绝对因素，非智力因素在人的社会化进程中的作用同样突出。

非智力因素有广义和狭义之分。广义的非智力因素是指智力因素之

外的对智力发挥或发展有影响的一切心理因素，狭义的非智力因素主要指兴趣、动机、情感、性格与意志等因素。下面主要从狭义的角度来探讨非智力因素对大学生社会化产生的有利作用。

非智力因素可以成为大学生提高个性素质、成为一个有用之人的内在驱动力。比如，兴趣是个体对事物喜好或关切的情绪，这种情绪对人的思想意识和行为具有引擎作用，如心理学家皮亚杰（Piaget）在《教育科学与儿童心理学》中所说："所有智力方面的工作都要依赖于兴趣。"兴趣是最好的导师，它可以使人充满活力，使人变得勤奋、专注，最终让人的潜力得到爆发，去完成各种挑战，使自己的个性素质得到充分提高。此外，积极的情感状态是大学生成才的不竭动力，良好的情绪能够让人保持心情愉悦、精力充沛，它不仅可以使大学生的学习效率提高，还对大学生的生理和心理的健康有益。积极良好的情绪能使大学生理性地支配自己的时间、控制自己的行为，以饱满的热情和精神状态不断地去开拓进取，实现自我价值。荀子《劝学》中的"锲而舍之，朽木不折；锲而不舍，金石可镂"告诉我们，在成长成才过程中，要始终保持坚定的信念、顽强的斗志和勇往直前的精神，去战胜学习和生活中的各种困难和坎坷。只有经过磨炼，大学生才能够在人生的舞台上游刃有余，顺利在大学阶段完成社会化。高校应充分发挥网络的社会化功能，把网络作为大学生个性素质教育的场所和实践基地，如创建素质教育专业网站、开设个性素质论坛，在网络中进行个性素质教育，鼓励大学生积极参与社会实践和创作。与现实社会环境相比，在网络环境中，人与人之间的交往更加直接，人的个性也更容易突显。因此，在网络环境中，充分利用网络的社会化功能能有效地提高大学生的个性素养。

（二）塑造优质校园文化，完善大学生社会化"小环境"

大学是大学生完成社会化的重要阵地，校园文化由学校所特有的人文氛围和精神环境构成，属于隐性文化，对大学生的学习、生活和工作起着内在的引导和激励作用。因此，校园文化对大学生社会化起到引导作用；反过来，大学生社会化也对校园文化的发展起到推进作用，两者相互影响。因此，塑造健康、高雅、积极向上的校园文化有助于大学生在社会化"小"环境中健康成长，为大学生完成社会化创造良好的文化氛围。高校还要加大力度建设校园网络文化，使校园网络文化成为和谐校园文化建设的助力。

如今高校的校园文化活动种类繁多，如校园文化主题月、校园文化艺术节等。每个活动的成功举办都是一次对大学生思想政治教育的巩固和深化。为了达到较好的传播效果，高校在举办校园文化活动时要注意以下几点。

第一，注重校园文化活动主题的新颖性。活动主题必须符合时代，活动必须是学生感兴趣的、能在校园掀起热烈讨论的、有助于锻炼和提升学生能力的活动。

第二，注重校园文化活动的持续性和连贯性。校园文化活动要达到长期的教育效果，仅靠一两次的举办是不够的，既要增加活动开展的数量，不断进行反复和强化，又要注重活动开展的质量，并不断创新活动形式，最终使校园文化活动达到教育的目的。

第三，整合校园传播媒介。通过校园报刊、校园广播、校园网等媒体向大学生进行全方位宣传，使校园文化活动深入人心，以实现活动主题的内化。

（三）重视非正式组织的引导，促进社会化正向发展

非正式组织是组织种类之一，与正式组织相对，是指以情感、兴趣、爱好和需要为基础，以满足个体的不同需要为纽带，没有正式文件规定的、自发形成的一种开放式的社会组织。大学生正式组织包括班级、团委、学生会等组织，特点是机构和成员的固定性，有严密的组织结构、严格的制度章程、明确的组织目标等。大学生非正式组织是指大学生因相似的人生观、价值观、兴趣爱好、理想信念而相互吸引、相互影响而自发形成的集合体，是一种相对松散的群体组织，如校园里的各种社团、学术沙龙、QQ群、微信群、网络论坛等。

大学生正式组织是高校开展教育工作的指挥棒，在高校中享有举足轻重的地位，但正式组织有非正式组织的调节，才能更具活力。高校教育工作者应充分发挥非正式组织的优势来加强对大学生的培养教育，充分发挥非正式组织在大学生社会化中的能动作用。

首先，要充分认识大学生非正式组织存在的必然性和客观性。在高校校园里，凡是有学生的地方，都存在着非正式组织，它和正式组织之间是相互依存、共同发展的关系。因此，高校除了重视大学正式组织的建设，还要加强对非正式组织的监督和管理，使学校的相关教育工作有成效地开展下去。其次，非正式组织又分为几类，这里主要涉及积极型非正式组织和消极型非正式组织两种，积极型非正式组织对正式组织起推动和促进作用，而消极型非正式组织对正式组织起破坏和干扰作用。因此，对于消极型非正式组织，应该及时进行教育转化，同时重点对组织中的核心人物进行正面教育和引导。这样能更好地实现育人的目标，构建和谐校园文化。最后，非正式组织的成员有共同的理想和信念，相似的兴趣爱好，这使他们相互之间信任度高、友谊深厚，这些都有利于他们在学习和工作上相互合作，完成社会化。

二、整合网络文化资源力量

网络作为一种先进的文化传播工具，以自由、开放为特点，为越来越多的人所接受。网络不仅为当代在校大学生提供了一种先进的信息传输与共享手段、一个多样化的交往与沟通平台，还提供了一个独特的社会文化生活空间。在这个过程中，网络文化对个体社会化进程起到了至关重要的作用。然而，网络文化的一些特性也成为大学生社会化中的一把"双刃剑"，应采取措施充分发挥其积极作用，推进大学生社会化进程。

（一）加大网络文化产品的有效供给

传统校园文化和网络文化相互交融，形成校园网络文化。它以校园文化为主导，以网络传播为渠道，是对校园文化的补充和扩展。校园网络文化传播的对象是大学生群体，他们既是网络文化的参与者，又是网络文化的建设者。同时，大学生的思想观念会受到网络文化的影响。因此，要充分发挥网络文化传播在大学生社会化中的重要作用，加大网络文化产品的供给，使大学生从优秀的网络文化产品中受益。

首先，要动员全社会加入网络文化建设中来，大力推进网络文化的蓬勃发展。要使网络文化内容与时俱进，激发民众的热情，使网络文化富有影响力、吸引力。要搭建网络文化交流平台，鼓励网络文化工作者创作出更多具有中国特色、体现时代精神、深受广大学生欢迎的网络文化精品。还要积极利用中华优秀传统文化资源，将其作为网络文化建设的重要源泉，推动网上博物馆、网上展览馆的建设，打造专业引领、网民积极参与的网络文化，构建丰富多彩的网络精神家园。

其次，要借助网络文化力量促进大学生的综合素质发展。网络文化正悄无声息地渗透人们生活的各个方面。对此，高校应加快脚步，利用网络文化大力推进大学生的文化素质建设。高校可以开设相关的专业服务网站，如名师德育课堂、时政论坛、社会主义核心价值观专题网站等，以网络为阵地，扩大网络文化教育的影响力，拓展与大学生的交流和沟通的渠道，为他们提供施展才华的舞台。

最后，文化网站的建设要做到与时俱进，除了要定期对网站进行维护，还要紧随时代发展，及时更新网络信息；同时，要加强网络防御，阻止电脑黑客蓄意破坏网站。

总之，网站建设的内容要立足大学生的实际思想状态，做到结合社会热点、符合社会主义先进文化的要求，用优秀的文化吸引大学生，真正发挥网络文化的示范教育作用。

（二）优化网络文化环境

当今，网络文化环境已成为大学生必须面对的一种环境，与大学生的社会化密切相关。由于网络的国际化和网络文化传播具有不可控的特性，网络信息内容参差不齐。为了大学生的健康成长，社会各界应像关注现实社会文化环境那样去关注虚拟社会的网络文化环境。应动员全社会的力量，加大力度，共同整治网络文化环境，为大学生社会化营造和谐的网络空间。

首先，要严厉整治网络低俗之风，加强网络文化阵地的建设。目前，网络文化信息种类繁多，其中不乏封建迷信思想、色情暴力等内容，这些都像毒瘤一样侵袭着当代大学生的身心健康。有关部门要采取专项整治行为，最大限度地抵制低俗文化；同时，扶持、推广一批优秀的网络文化作品，促进一批大学生喜闻乐见的文化产品在网络中传播，丰富大学生的网络文化生活。其次，要加强网络信息的审查力度，并适度引导网民的言论，建设网络精神文明。最后，要巩固社会主义网络文化，抵御不良思想文化的入侵。总之，要充分利用网络途径加强社会主义核心价值观的培育，弘扬社会主义主旋律；还要弘扬中华优秀传统文化，使中华优秀传统文化在网络文化阵营中占一席之地，用先进的网络精神文化武装大学生的头脑。

由于网络文化环境具有开放性，在其优化的过程中，要注重技术与法律制度相耦合、教育与引导相结合、社会和高校各职能部门相配合，使之形成良性互动，为大学生社会化创造良好的、积极健康的网络文化环境。

（三）加强红色网站建设

建设网络强国、数字中国是党的二十大作出的重大战略部署。高校红色网站是引领大学生思想、陶冶大学生情操、塑造大学生品格的精神家园，更是大学生思想政治社会化的主要阵地。高校红色网站的建立为大学生思想政治教育工作开辟了一条新的发展思路，为思想政治教育注入了新的活力。首先，对于"红色网站"的建设，高校应成立专门领导小组，加强对网络建设的领导和监管；同时加大经费投入，聘请在思想政治教育方面颇具造诣的专家、学者参与网站的指导与建设，并在网站上开设"思政知识问答""党员评议""热点讨论""时事专题""时事新闻""网上答疑"等版块解答大学生的疑惑。其次，应对大学生积极参与红色网站的热情给予鼓励和肯定，让红色网站彰显时代特征，处处体现高校的精神内涵、文化特征。最后，必须加大对红色网站的监管力度，对学生进行正面引导和教育，及时解答学生的疑惑，矫正大学生的政治思想方向，使思想沟通变得更便利，提高教育的实效性；同时，培养大学生判断问题、分析问题的能力。总之，高校要集中各方力量，把红色网站建设得感染人、吸引人、说服人，使红色网站成为深受师生喜爱的网站。

第十三章　校园生活下大学生社会化发展的路径探索

　　线上、线下世界融合的校园生活与大学生社会性发展的关系理论模型可以用数学集合的概念来呈现，如图 14-1 所示：大学生在线上、线下世界融合的校园开展的对象性实践活动集合 S 是大学生在社会性世界开展的对象性实践活动集合 M 的子集（S⊆W），也是 M 和线上、线下世界融合的校园生活集合 W 的交集（S=M∩W）；根据马克思对人的本质二重性及其统一的认识，M 是大学生与外部世界对象性的存在模糊集合 O 的子集，人的存在集合 I 正是 O 与大学生主观精神世界的存在模糊集合 P 的并集（I=O∪P）；随着"互联网+"时代的到来，大学校园的社会生活网络化发展集合 W 的基数（元素数目）趋向于无限大 [card（W）→∞] 成为无限集合；集合 S 的元素是大学生个体 x_i，依据描述法表示集合 S={x_i| 以大学校园为物理空间开展的线上、线下世界融合的对象性实践活动 }，S 的幂集是 S 所有子集组成的集合，包括了不同学生群体的线上、线下世界融合的对象性活动。

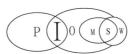

图 14-1　线上、线下世界融合的校园生活与大学生社会性发展的关系集合群

　　根据研究建立的理论模型，大学校园的社会生活网络化发展集合 W 是无限集合，线上、线下世界融合的校园生活半径还在不断增加，所以面向"未来"的网络思维方式不仅需要植于大学生主体，还应该成为推动大学生校园生活的线上、线下世界融合的另一个对象——学校管理智慧的组成部分。通过质性研究分析发现，多数高校在大学校园的社会生活网络化进程中还没有发展出以学校为主体的网络化行动研究，现有的以高校为主体的线下世界向线上融合也仅仅停留在网络媒体平台的建设方面。虽然我国部分高校的学者、研究团队针对社会生活网络化的社会治理进行了一些科学研究，但是多数高校没有发挥自身独特的管理体系和科学研究优势，以行动研究创新破解融合的难题。由于"互联网＋校园"幂集具有无限大的发展趋势，网络化行动研究应该成为高校管理能力之一，有条件的高校应组织人力成立专业的研究性管理部门，为大学生的线上、线下世界融合的校园生活提供更加具有教育价值、引导价值的社会性发展体验与实践。

根据理论模型，线上、线下世界融合的校园生活与大学生社会性发展的关系联结在于，大学生在线上、线下世界融合的社会性世界开展的对象性实践活动集合 M 也积极发展成为模糊集合，形成促进"O=P"发展的趋势，最终实现人的自由全面发展。通过量化研究分析发现，大学生在校园线上、线下世界融合的对象性实践活动存在群体属性的显著性差异，这与之前的许多研究结论是一致的。提高大学生的理性思维能力是推进线上、线下世界融合的对象性实践活动良性发展的当务之急。只有培育个体内在的、非对象性的主体性精神才能形成自律机制，在与其他社会个体的对象性实践活动中达成自我的类存在追求，形成"凭借信息交流和网络沟通穿越了各种集体边界的真正意义的社会认同"。面对人类总是在"追赶"的不期而至的网络化生存境遇，大学生的社会性发展路径包含了"个体—群体—社会"的全过程，高校可以尝试应用管理学研究中的"公共生产"理论，对大学生突破群体利益的边界向社会的转向展开研究教育实践。公众与公共部门可以一同参与公共服务的供给与生产，通过志愿参与和自我服务，公众可以有效地降低公共部门在公共服务供给中的服务成本，提高服务效益。

第一节　从网络参与到民主参与的社会化发展

互联网技术的发展为国家的治理体系和治理能力的现代化带来了全新的民主实践形式，围观现实社会语境下网络民主的价值和新时代"未来公民"所必需的核心素养，探究媒介素养教育改革实践的发展路径有利于促进当代大学生由网络参与向民主参与的社会化发展进阶。

一、大学生网络参与现状和发展机遇

大学生作为即将进入社会的知识分子群体，在面对复杂的网络民主参与事件时如果不能正确使用网络表达理性的意见，就容易引发社会矛盾。从本质上讲，青年的网络政治参与是一种非制度化的政治参与，与有组织性的、制度化的传统政治参与相比，网络政治参与是自发的、松散的、非制度化的参与。具体来说大学生的网络民主参与有以下特点。

一是开放、自由的政治参与。由于网络具有交互性、实时性、开放性、匿名性等特点，广大青年可通过论坛等形式，对政治问题自由发表见解，自由进行信息交流，自由发表自己的言论，在这个广阔的天地畅所欲言。他们可以摆脱种种束缚，痛快淋漓地表达自己的政治态度，深入交流彼此的政治看法。

二是"草根"式自下而上的政治参与。传统政治参与的亲和力不够，沟通渠道不对称，政治参与的主体受到一定限制。而网络政治参与是对传统政治参与的全新变革，是一种自下而上的"草根"式政治参与，这种政治参与，无形中拉近了执政者与民众的距离。

三是理性与非理性交织并存的政治参与。青年的网络政治参与始终伴随着感性与理性、狂热与温和、宣泄与思考、极端与适度的矛盾斗争，存在着政治冲动和不成熟的表现。

相比于一般网民的媒介素养特点，大学生的媒介素养还包含了以下两个重要的特点，为大学生通过参与网络民主实现社会性发展提供了机遇。一是网络行为自我管理素养。大学生使用网络时具有自我约束能力，能够通过学习明确自己的"网络媒介需要"，把握使用网络的主动权而不是被网络牵着鼻子走，做理性的网民。二是网络发展创新素养。大学生善于利用网络媒介发展自己，成为先进思想和先进文化的制作者和传播者，如充分利用网络资讯来增长知识阅历，构建自己的学习网络。

二、民主实践的进化：网络民主

民主观念的"中国化"进程源于改革开放以来民主形式的实践变迁，选举民主、代议民主、协商民主、网络民主等呈现出从单一到多样化的民主形式演变。以法律保障自由，以权利制约权力的代议民主创造性地转变了民主参与结构，使民主在现实社会政治实践中相对可行，对人类社会发展产生了里程碑式的推动力。然而随着社会生产力和生产方式的不断进步，代议民主原本独具优势的非直接民主参与结构却逐渐衍生出诸多弊端：公民主权的政治意愿得不到彰显，政府体系设置臃肿低效，官僚腐败问题层出不穷，等等。之后协商民主兴起，为民主实践提供了社会协商对话机制的解决方案，但仍然未能回归民主最初始的概念意义，即直接参与。20世纪90年代计算机网络技术兴起后，独具即时性、平等性和低廉性的新技术实现了基础的信息传播和信息处理的技术平等，使作为民主政治生命线的信息权力被解构，使垄断信息的政治集权基础被打破，使每个公民能够不需要代理而直接参与社会政治民主活动，将公共政策民主决议中公民的作用发挥至一个崭新的层面，为现实民主实践提供了更加优质和近乎理想的参与环境。

对比之前的技术变革，起初被授予"民主媒介"标签的计算机网络技术虽然规避不了控制技术的人和政治权力，但在我国对社会发展"开放、共享"的规律性理念定位下，这次技术媒介成功突围了工具符号的疆域，在原本以"物质条件"角色对社会生产方式产生影响的过程中，也毋庸置疑地撬动了"上层建筑"。随着公民民主参与的"质性化"信息在"互联网+"时代的推动下得以更加民主地顺利流转，信息权力的架构解体再重组，达成与政治干预、资源控制更深层次的良性互动，实现了"民主媒介"对政治权力的一次有序扩张。"共享信息""直接参与"的特质激活了民主实践的价值内核，网络民主成为一种由技术革命驱动的民主形式，影响并改变着人类社会政治生态。

三、大学生社会化发展路径：从网络参与到民主参与

《第 51 次中国互联网络发展状况统计报告》显示，截至 2022 年12 月，我国网民规模达 10.67 亿，10 ～ 39 岁网民群体占网民整体的48.1%，未成年网民中使用手机上网的比例为 90.7%。互联网对个人生活方式的影响已从基本的信息获取、交互娱乐发展到与医疗、教育、交通等公共服务的深度融合，带动了整个社会传统产业的变革和创新，青年学生群体已然适应并助推新时代下社会生活的网络化。与网同生的青年学生是历经了数字世界认知洗礼而成长起来的一代，社会生活网络化不仅促使他们养成了数字化信息处理的日常行为习惯，还使得他们大脑思维的方式和生存旨趣的倾向深受数字化生存方式的影响，"网络参与"是他们的成长必选项，也是他们的群体性优势，促使他们成长为与众不同的一代"数字原住民"，在众多网络热点事件中，他们都是直接参与者或主要推动者，极大地影响着网络意见的走向。大学生热衷于利用自身的计算机网络应用技术能力，通过发布交互式信息参与形式多样的社会公共事务活动，包括"民主参与"的信息网络获取、意见网络表达、政治网络互动和线下网络发动等。由网络化生活带来的超越交互边界限制的社会联系对人类的社会化发展提出了从个体向群体再向社会的进阶新要求，当代大学生的社会化需求正从基本的"网络参与"向更高阶的"民主参与"发展。青年学生的"网络参与"群体性优势正在大学这个人生阶段产生新的裂变，公民社会人所必备的"民主参与"这一社会化属性逐步完善。

"数字原住民"一代虽然具备娴熟的计算机网络技术应用能力，养成了相对稳定的交互媒体使用习惯，但其认知能力的层次与水平却没有显著的变化，在适应信息技术快速更迭发展的过程中同样遇到了数字化生存的定位与发展困难。根据近几年的统计数据趋势，互联网用户正趋于

饱和，青年学生群体的社会化发展能及时顺应新时代的国家社会发展需求是推进国家治理体系和治理能力现代化进程的关键，当代大学生更是引领新形势下青年学生社会化发展新进阶的中坚力量。社会化促使个体习得、内化社会行为规范和准则为自身社会交往的标准，实现了个体从生物体征向社会意义的属性转化，其中教育起到了至关重要的作用。当代大学生正处于世界观、人生观、价值观趋于相对稳定成熟的关键时期，正经历着社会化发展需求由"网络参与"向"民主参与"进阶的转化阶段，媒介素养教育对"未来公民"——当代大学生的有序民主政治参与这一社会化发展具有极其重要的意义与价值。

第二节　大学生媒介素养教育的价值辨析和发展路径

一、网络民主的价值诉求：媒介素养

党的二十大明确提出，到 2035 年，我国发展的总体目标之一：基本实现国家治理体系和治理能力现代化。现代互联网技术已然通过塑造和影响人类的社会生活方式衍生了一种全新的公众参与可能，网络民主要在社会政治生活实践中落地生根、发芽出新，就要始终坚持以国家治理为本质和目的的价值定位。

媒介素养是信息时代对公民社会发展提出的一项核心能力，指"人们对各种媒介信息的解读和批判能力以及使用媒介信息为个人生活、社会发展所用的能力"[①]，在新的社会政治生态中对公民开展媒介素养教育无疑对网络民主的价值推行具有现实的实践意义。"媒介"的概念区别于"媒体"，侧重于诠释新媒体矩阵对人类社会生活的交互形态和模式产生的变革影响，强调原本作为工具符号的媒体在"互联网 +"背景下被赋有的社会化功能。媒介素养不再仅仅指人们对媒体技术的认知能力、操

---

① 张志安，沈国麟．媒介素养：一个亟待重视的全民教育课题：对中国大陆媒介素养研究的回顾和简评［J］．新闻记者，2004(5): 11-13.

作技能，还指对人们在对媒体技术社会化功能的意识判断、自律批判、发展创新和责任担当等意识形态方面的素质能力。媒介素养的界定重心已经由对媒体技术认知、操作及参与的能力需求引向以个体主动发展媒介参与、创造及达成社会生活利益的更宽广价值领域，这有效弥合了网络民主的实践现实差距。媒介素养能力的培育有助于提升公民网络参与的水平与层次，与实现有秩序的、理性的、自主的、适度的民主政治参与具有显著的相关性，是促进网络民主实践融合于现代社会生活的公民所必备的核心素养之一，也是国家的治理体系和治理能力的现代化进程中不可或缺的软实力之一。

二、大学校园空间涵育的媒介素养教育实践路径

在"互联网+"时代背景下，传统大学校园的空间概念正在信息文化冲突中不断拓展，已经由特定建筑物之间相互联系的外部空间向着包含校园文脉、场所精神、空间氛围等的非物质环境发展。随着大学校园网络"两微多端"交互立体式架构空间的形成和学校管理体制的扁平化运行趋势，应聚焦大学校园特定的教育空间特点，积极应用大学校园内立体交互的信息网络与严密规范的组织管理之间的互动机制优势，构筑大学生有效实践网络民主参与意义的社会化发展学习场域。

（一）以校园媒体为平台培育民主参与的虚拟共同体

长期的"数字原住民"生活使青年学生能够根据社会生活需求快速适应并养成对特定媒体的使用习惯。大学校园作为大学生日常生活的主要时空场域，大学生基本的生活需求都受到相对固定的时空限制，因而较易于在校园学生群体内打造满足日常生活需求的媒体平台。例如，随着自媒体发展涌现出的大量校园官方微信公众平台顺应当代大学生移动互联的媒体使用需求，拓展了校园教育信息传播与服务的渠道与空间。这类校园媒体拥有极大的学生用户黏性，易于创建掌握教育引导权的网络民主参与学习空间，学生群体可在校园媒体上开展网络民主活动。由于互动的对象同在一个时空场域内，通过线上线下的空间协同更易于形成相对成熟的虚拟共同体，从而能够有效地植入培育大学生公共精神与

行为能力的民主参与交互活动。

（二）以校园大V为标杆培育民主参与的网络意见领袖

前文研究发现，当前大学生的网络民主参与方式呈现低层次被动化的特征，大学生习惯以参与者的身份介入社会民主活动，更倾向于依赖网络意见领袖的价值引领满足自身社会政治生活的参与需求。高校是汇聚高层次文化素质人才的地方，也是支撑社会经济文化发展的重要智力保障，对于社会热点民主议题具备了孵化出专业化、高水平的民主意见的资源优势。高校应借鉴网络营销模式挖掘和打造根植于校园媒体平台上的网络意见领袖，利用校园大V、校园网红的社会舆论影响力组织、引导大学生开展理性有序的网络民主参与实践活动；应注重设计与运营校园媒体平台上的虚拟主角来掌握网络民主活动的意见主导权。高校还应发挥官方媒体在全社会网络民主事件中的群体性意见领袖作用，及时发布富有专业视野、学术考究、社会情怀的评论，为大学生有序民主参与的社会化发展营造校社有效链接的网络培育空间。

三、当代大学生媒介素养教育的改革路径

当前国家社会发展进入了新的征程，对"未来公民"的核心素养能力提出了全新的要求。媒介素养能力有助于公民在处理自身与国家、社会和其他公民的关系的过程中养成能够理解自身的权利与义务，将自己作为国家政治、经济、法律等活动主体的心理认同与理性自觉，掌握独立做出判断与选择并付诸行动的知识、意识、价值观和技能。目前我国高等教育对大学生媒介素养能力的培养关注不足、意识弱化，必须提高重视，对新时代的发展诉求做出积极有效的改革回应。

（一）适应需求建构多维嵌入式的媒介素养教育课程模式

之前笔者调查发现，当代大学生的社会角色身份对网络参与的层次与媒介素养能力存在影响，男生与女生的媒介认知能力存在显著差异，学龄和政治面貌也会影响学生，使学生产生信息平台认知差异，学生干部的角色身份对网络民主活动的参与层次产生了重要的影响。各高校亟须针对不同类别的学生开设媒介素养能力多重维度的相关课程，如媒介

认知、媒介意识、媒介处理与媒介道德学习课程等。调查还发现，当代大学生普遍认同媒介素养教育的必要性，但对学校教育的课程形式却存在较大的意见差异，约 23.8% 的学生认为"应单独设置课程，纳入正规课堂"，约 30.9% 认为"不需要单独设置，融入某些人文课程即可"，约 39.8% 认为"应开展主题讲座、在线课堂等非正规课程"。媒介素养教育应用嵌入式课程模式更能满足当前高校的教学需求，可以将通识教育讲座、党团校学习培训、在线课程学习等嵌入相关的专题开展课程教育。

（二）定位构建网络空间命运共同体的媒介素养教育目标

当今社会，人类的行为已经扩展到虚拟的网络空间，网络空间已成为人类共同的活动空间，它使世界各种利益集团及个人深度交融，形成了一条全新的共同利益链条，促使个人、国家、政党等在网络空间形成相互制约发展的命运共同体。"数字原住民"一代作为互联网时代经济社会发展的中坚力量，承载着网络空间这条利益链最强有力的环节，是构建网络空间命运共同体的生力军。媒介素养教育是互联网技术迅速发展的产物，是定位于促进人类社会的利益共同体建设的一项全民教育课题。媒介素养教育要将提高学生的媒介认知、媒介意识、媒介处理和媒介道德作为培养目标，更应将时代新命题——构建网络空间命运共同体的共识性教育融入其中，引导与支持学生不断完善网络行为自我管理和网络发展创新能力，助力构建安全、开放、合作的互联网世界。

第十四章　核心素养框架下当代学生社会参与的发展指导

　　社会参与是我国在新时期提出的中国学生发展核心素养三大方面之一，媒介技术作为社会参与主要研究对象之一，影响深远，而且当代学生社会参与置于更广阔的社会文化背景之中，近年来媒介素养的研究取向流转与核心素养框架提出的学生社会参与的素养内容是相互契合的。因此，基于当代学生日益广泛与深入的社会参与媒介化现状，应将开展媒介素养教育作为当下指导我国学生社会参与发展的途径。

　　社会参与这一方面的核心素养是我国依据人的社会性发展的本质需求提出的，强调我国学生作为现代公民要处理好自身与社会关系方面的能力素质。媒介不仅是人类认识客观世界的工具，还是人类塑造客观世界的载体之一。随着近年来媒介技术变革式发展，媒介对客观世界的塑造功能越来越强大，通过变革人们感知世界的方式和行为变革整个社会结构，这在提出"媒介即人的延伸""媒介即讯息"的加拿大原创媒介理论家、思想家麦克卢汉那里就有很好的诠释。对我国学生社会参与方面的发展的理解与思考始终是要置于媒介对现代社会巨大推动力的历史时代背景里的。

第一节　学生社会参与的基本认识

一、学生社会参与的内涵解析

社会参与对学生个体的社会性发展具有重要作用。面对当今国家社会的重大变革，我国提出推进国家治理体系和治理能力现代化，打造共建共治共享的社会治理格局。基于这样的国情社情，从青少年社会性发展的角度论述社会参与的概念更具现实意义。

社会参与是一个相对宽泛的概念范畴，无论是在精神医学界还是学生研究领域都是用以强调个体的社会性发展需求及其目标，前者侧重于日常生活情景的参与，突出以参与为中心的活动、角色、关系、资源和价值的一种综合性社会行为能力呈现，将此作为评估个体身心、社会康复状况的复合性指标；后者特指学生主动、有能力地在具有影响能力或决策权利的社会情景中参与，一般分为公民参与和政治参与，如1989年联合国通过的《儿童权利公约》规定"有主见能力的儿童有权对影响到其本人的一切事项自由发表自己的意见"。在我国学生发展核心素养框架中，基于学生发展与教育的视角提出的社会参与方面集合了以上两方面的内容，分为责任担当和实践创新两种素养，前者包括了社会责任、国家认同、国际理解等基本要点，这与学生研究领域的社会参与强调的公民参与、政治参与密切相关；后者包括了劳动意识、问题解决、技术运用等基本要点，明显是与精神医学界领域侧重的日常社会生活情景的参与紧密联系。所以学生社会参与是一个具有双层维度考量的综合能力素养，既包含对日常社会生活情景的一般性参与所表现的社会行为能力，即对参与活动的行动力；又强调在影响公共生活或政治决策的参与活动中表现的有效参与能力，即对参与活动的有效力。参与活动的行动力一般是实现有效力的前提；参与活动的有效力往往影响了行动力的方向。个体的责任担当意识不仅能够有效促进参与的行为活动发生，还直接导向了参与活动的不同影响力。在当代日益复杂的国际社会环境中，强调实践创新素养的发展有利于解决新时期的新问题，体现对社会、国家和国际的责任担当。

二、学生社会参与的形式和发展目标

学生既是社会中以学习为主要实践活动的独特行为族群，其中的主群体又是特定年龄段的限制性群体。与其他社会群体相比，学生可以说是"边缘化"群体，家庭和学校是他们进行社会参与的主要场域，而且在其中开展实践活动往往处于被动地位。所以长期以来学生的社会参与并不被关注，文化基础和自主发展是教育一贯强调的学生发展主要方面和渠道。这与自古以来人们对儿童的主体性认识不足紧密相关。在近现代儿童观变革的背景下，学生社会参与的行为具有的教育价值逐渐引起人们的关注，先是在特殊儿童的教育干预领域，社会参与状态常常被作为一个重要指标评价干预的成效。随着儿童参与研究的不断深入，各学者对儿童参与的程度具有阶段性逐渐形成了统一的认识，如罗杰·哈特（Roger Hart）根据儿童参与活动的程度不同区分了八种参与形式[1]（图14-1）。虽然现实中儿童的参与活动往往多种形式并存，而且随着活动进展不断发生变化，但是哈特为儿童参与的阶段理论提供了一个从参与度视角审视儿童发展与教育的基本认识，为认识学生社会参与状态提供了理论工具。此外，学生是社会未来的理想公民，教育应该培养怎样的社会参与也是学者长期关注的研究领域，如谢尔·阿斯汀（Sherry R. Arnstein）提出的以公民为主体的参与阶梯理论也依照由低到高递进发展趋势区别了八种参与形式[2]（表14-1）。虽然现实公民参与远远没有达到阿斯汀提出的高度参与形式，但是他为学生社会参与方面的发展提供了培养目标及其内容的重要理论依据。从儿童参与的一般化形式到公民参

---

① Hart R A. Children's participation: from tokenism to citizenship [M]. Florence: UNICEF International Child Development Centre, 1992: 6.

② ARNSTEIN S R. A ladder of citizen participation[J]. Journal of the American institute of planners, 1969(35): 216-224.

与的发展阶梯，对社会参与的科学认识不断深入，人们愈加认识到社会参与是人的全面发展重要的组成部分。21世纪，社会参与被纳入我国学生发展核心素养体系，不仅完善了当代学生发展的培养目标，还反映了社会参与作为学生发展途径的重要价值。

图 14-1　儿童参与的阶梯理论

表 14-1　公民参与阶梯理论

参与发展阶段	政治体制发展状况	参与形式	参与形式特征	公民参与程度
政府主导型参与	政治民主化水平较低，政府（精英）起绝对支配作用	政府操纵	政府是参与的发起者，参与形式选择取决于政府	低度
		宣传教育	政府动员公民参与，参与过程公民被动	

续 表

参与发展阶段	政治体制发展状况	参与形式	参与形式特征	公民参与程度
象征型参与	政治民主化发展，公民权利和意识开始觉醒，争取广泛的参与权，公民参与能力和组织化程度逐步提升	给予信息	政策过程的权力开始分享	中度
		政策咨询	公民逐渐认同自身的公民资格	
		组织形成	公民参与逐步组织化、制度化	
		合作伙伴关系	对政策具有一定的影响力	
完全型参与	政府授权公民，社区自主治理，公民资格意识成熟，参与知识和能力大幅度提高	授予权力	公民成为社区治理的主人积极、能动的公民参与	高度
		公民自主控制	政策过程的实质影响力自主治理社区公共事务	

综上所述，社会参与对于学生发展而言存在两个类别参与程度由低到高的素养能力发展路径：面向低学龄对象（3～13岁）的一般性社会参与和面向高学龄对象（13～25岁）的公民性社会参与。前者关注的是学生社会参与的广度发展，后者强调的是学生在政治社会化领域的参与深度发展，其中没有绝对的分界线，也就是说虽然一般性社会参与是公民性社会参与的发展前提，但公民性社会参与只是特定教育阶段侧重培养的一种社会参与类别，所以对于任何年龄段的个体而言，社会参与方面的发展与评价依然是一个整体性的概念框架。在此基础上进一步考量学生社会参与的发展目标，综合媒介在个体社会参与中的影响与作用日益深远，理性社会参与与学生发展目标相适宜。

三、媒介与学生社会参与的关系

近代以来，媒介技术影响了社会发展，使社会产生了翻天覆地的变化，客观世界里逐渐构建起超越自然、纯粹以技术为内核的媒介世界，为人们的社会参与提供了一个虚拟现实的网络空间，网络支付、线上购物、网约车等变革了个人日常的社会参与方式，而网络自媒体和社交媒体平台创造了独立的社会参与时空。面对社会生活网络化进程的加速演变，需要进一步分析认识媒介与社会参与的关系，以便对当代学生的社会参与提供有益的教育干预。参与主体、参与的活动和作为传播工具的媒体共同成为学生社会参与的研究对象，其中学生作为认知技能飞速发展、创造实践异常活跃的生命体具有不同于其他社会族群的、在社会参与中独具特点的主体性；学生社会参与的活动具有限制性，主要囿于家庭或学校为物理空间的社会活动；以现代互联网技术为代表的传播媒体充分挖掘学生作为参与主体的创新实践潜能，为学生社会参与提供了超越传统活动类别的广阔实践空间，所以说传播媒体的发展已经对参与主体、参与的活动产生了深远的影响，是学生社会参与研究中越来越不可忽视的研究对象。

第二节　媒介素养与社会参与的发展关系辨析

　　近年来，教育与传播学领域兴起了对媒介素养的研究，亟待通过媒介素养教育与实践应对媒介化社会给个体的社会参与带来的全新挑战。虽然学术界对媒介素养的概念界定还没有形成统一的认识，但是不同于相近的几个概念（如信息技术素养、网络素养），媒介素养的界定重心已经由对媒体技术认知、操作及参与的能力需求，引向以个体主动发展媒介参与、创造及达成社会生活利益的更宽广价值领域，媒介素养不再仅仅指人们对媒体技术的认知能力、操作技能，更是指对人们对媒体技术社会化功能的意识判断、自律批判、发展创新和责任担当等意识形态方面的素质能力。所以在我国学生发展核心素养体系中，社会参与强调实践创新和责任担当两种素养，这与媒介素养的价值内涵是相契合的，并且从社会参与的三大研究对象中的传播媒体视角有针对性地指导学生的发展更加具有教育实践价值。

一、作为学生社会参与的工具性知识与技能

媒介素养最知名的概念界定就是 1992 年美国媒介素养领袖会议提出的"公众接近、分析、评价各种媒介信息，达到沟通交流目的的能力"。之所以媒介素养被称为素养，是因为它是以知识、技能为最小单位的能力合集。一方面，媒介素养不同于中国学生发展核心素养体系中社会参与方面的责任担当和实践创新两种素养，它所包含的知识与技能具有鲜明的工具性功能，主要用于解决现实生活中的问题情境，如传播学基本知识、媒体运营知识可以帮助学生辨别信息生产的真实性问题；信息检索、设备操作技能则可以帮助学生获取更多准确的信息资料，这些知识与技能是媒介素养的最基本能力素质，往往在解决现实生活的问题过程中共同发挥作用，所以教育应是理论与实践相结合，从而使学生能在具体问题情境中最大限度地发挥知识与技能的功能与作用。媒介素养包含的知识与技能往往可以直接转化为对应的教育实践活动，可开设数字媒体制作、传播学理论、计算机操作与应用、文献检索与综述等具有详细的教学目标和教学内容的课程。近年来，关于媒介素养与信息技术素养相融合的研究思路已经逐步明确，2013 年，联合国教科文组织就发布了《全球媒体与信息素养评估框架》（Global Media and Information Literacy Assessment Framework, MIL），将知识、技能、意识、态度等多元化的媒介与信息使用能力进行了整合性设计。

但是需要注意的是在教育中长期存在着知识与技能割裂开来的教学实践问题，对于学生社会参与方面的素养能力发展更加强调的是具体社会情境下使用知识与技能，两者相辅相成地使活动的参与目标得以实现，因此社会参与本身可以作为一种教育实践活动，一种关于如何在现实情境中综合应用课堂上分立的知识与技能的教育训练。可见社会参与不是纯粹的学生核心素养发展目标，而是现代教育教学应该广泛采用的一种教学组织形式。媒介素养蕴含的知识与技能是学生社会参与的工具性能力组成部分，要通过社会参与实践活动来培育。正如美国传播学家波特（Potter）所提倡的："媒介素养方面，素养是技能、知识，甚至是活动

（综合能力／认知策略）。"①因而，在媒介素养的研究评估中媒介参与程度也常常作为一项考核指标，MIL 评估框架就在创建维度之下设计参与和交流两个二级维度评估个体的媒介与信息素养能力。

二、作为学生社会参与的人文性情感与价值

在关于知识、技能与素养的区别与联系的相关认识中，素养虽然包含了知识与技能，但更加强调的是以解决实际问题的外在行为能力为表现，以及其上依附的情感、价值与观念等。因此，素养强调的是一种综合性的能力表现，媒介素养不等同于媒介知识或媒介技能，这正是基于现代媒介使用环境对个体情感与价值发展带来的深远影响与作用所考虑的。虽然世界各国的网络化、信息化发展进程存在差异，但近年来据文本解释、语境和意识形态的媒介释义提出的以批判性思维能力素质为核心的媒介素养内涵也已经成为全球各国广泛认同的教育价值取向。由此，人们发现媒介素养的培育在系统化的教育体系中是一个跨科目跨领域跨时空的问题，所以世界各国应运而生的媒介教育运动打破了传统的学校教育体系，主要通过课外项目形式进入社区、家庭时空，通过多元的社会空间参与弥合不同学科知识体系之间、实际问题与概念意义之间、社会性意识与参与实践之间的断裂。只有跳脱传统的教育时空，在更广阔的社会时空情境里，这种跨领域的素养所蕴含的情感与价值才能被更好地阐释、感悟、顺应和内化。因此，根据前文提出的学生社会参与方面两种类别的素养能力发展路径，同一类别中低参与程度的社会参与活动是培育高参与程度的训练实践，并且一般性社会参与活动可以为个体日后的公民性社会参与提供基本的素养训练。

我国学生发展核心素养体系规定社会责任、国家认同和国际理解是社会参与方面的责任担当素养的表现，劳动意识、问题解决和技术运用是社会参与方面的实践创新素养的表现，虽然没有明确提出媒介素养，但是根据媒介素养的价值内涵，显然相应内容已经分散在这六种素养表

---

① POTTER W J. The state of media literacy[J]. Journal of broadcasting & electronic media, 2010, 54(4): 675-696.

现之中。媒介素养及其教育必须置于一定的国家社会文化价值情境中，才能与学生社会参与方面的素养能力产生更加深刻的交互作用。学生作为一种社会族群角色，是特定国家社会、家庭文化背景下的一套社会期待意识集合，他们的社会参与活动无时无刻不浸润在某种社群集体意识、时代价值取向之中。媒介素养倡导的公民性参与素养发展正是对学生社会参与的责任担当素养内容如何运用在现代传播媒体技术使用和现实社会生活不同境遇中的诠释。

第十五章　媒介素养教育体系的内涵建设与探索

第一节　回归教育的媒介素养概念内涵的系统化刍议

目前，媒介素养概念已成为一个具有多维度、差异化界定内涵的研究领域，顺应了过去媒介技术快速流转发展的历史进程，为媒介素养的理论与实践研究提供了极大的发展空间，但是多元差异化的概念内涵也削弱了其学术话语的合法性。随着社会媒介生态日益饱和、全球媒介发展水平日益均衡，作为社会科学领域的一部分，媒介素养的研究发展也面临着愈加专业化、学科化的前范式规定性审视。

20世纪末以互联网技术为核心的媒介发展带动了全球经济社会的变革，大众传媒技术的迅速更迭使得公众的媒介接触日益普及和深入，最早经历媒介技术对公众的社会意识带来的冲击的发达国家率先提出媒介素养的概念，随后世界各国对教育引导公众与媒介环境共处的研究形成了以媒介素养为核心概念的学术共识。英国学者利维斯和汤普森于1933年在合著的《文化和环境：培养批判意识》一书中首次提出媒介素养教育。目前在该研究领域，媒介素养的概念仍然处于不断流变中，其内涵和外延仍然处于多元化的发展态势，这虽然对现代错综复杂的研究背景下全面理解和认识媒介素养的研究领域十分有利，但是作为一个规范性的研究术语，缺乏内在的逻辑统一性不利于媒介素养研究形成基本理论和基本范式，这也一直是该领域研究面临的最大学术认同问题。针对这一突出问题，西方学术界试图从不同的角度系统化建构媒介素养概念的基本内涵，以期逐步形成统一的基本认识。接下来介绍西方学者如何系统化界定媒介素养概念。

一、概念化以及概念内涵系统化现状

长期以来，媒介素养在公众社会生活领域是一个具有明确语义的短语，迅速得到了各国社会的关注和认可，但是在学术研究领域，媒介素养却是一个较为庞杂模糊的概念，理论建构和实践应用都进展缓慢。笔者针对媒介素养在语义属性和学术属性两种概念上的差异性，探究媒介素养的概念化及其概念内涵系统化存在的基本问题。

（一）基于语词的概念化问题

媒介素养译自英语中的 media literacy，是由"媒介"和"素养"两个词共同表达的概念。无论中文词还是英文词，媒介素养这一词汇最突出的特征就是普遍性，是在日常社会生活中使用范围广泛、能够被基本理解的词语；还具有较强的构词性，两个词汇所表达的词义在所属语言的语义系统中都是核心的、关键的。《现代汉语词典》（第七版）中，"素养"指"平日的修养"，因此"素养"是围绕个体发展水平的一个易于构造新词的基础性词汇；"媒介"指"使双方（人或事物）发生关系的人或事物"，受科学技术的飞速发展影响，媒介主要指报纸、杂志、书籍、广播、电影、电视等大众传播工具。"媒介"词汇的语义发展使其成为新闻传播界的一个基础性术语，在与"素养"组成的"媒介素养"短语中主要起修饰作用。媒介素养的概念强调的是人们在使用各种大众传播工具方面所达到的较高水平和境界。因此，媒介素养是一个具有良好语义基础的概念，对学术研究所指称的研究领域具有良好的语义表达。

但是，对媒介素养的概念内涵进行解释时，"媒介"和"素养"又是具有争议性的两个基本术语。

早期，面对不同的媒介技术，电视素养、广播素养、报纸素养、电影素养、计算机素养等概念应运而生，随后针对计算机和互联网等现代信息通信技术的应用，出现了网络素养、信息技术素养等概念。然而人们逐渐发现，媒介技术的更迭虽然会对承载信息的符号的形式、传播方式和受众效应等产生不同的影响，但是现实中人们的媒介使用行为是日益多样化的，对于个体发展而言，这种围绕单一媒介、对某一类技术的使用提炼的素养往往并不适宜。并且随着互联网技术的兴起，媒介技术原本所属的传播领域与文化、政治、经济等更广泛的社会领域相互渗透和不断互动，已完全突破了纯粹的传播技术给人们带来的冲击和影响，直抵思维图式的扩张与转变。因而，"媒介"作为包括所有形式媒体的指代成为该领域的研究共识。

"素养"也是一个涵盖了大量多样化意旨的基本术语，在媒介素养的概念里可以指代技能、知识、综合能力或认知策略等个体发展水平或层次，甚至还指代了活动。例如，对媒介信息的使用、分析、评估等技术，媒介效应及基本原理等知识，还有现在被广泛关注和倡导的批判性思维。21世纪，媒介应用最为广泛的青年人群体中逐渐兴起了参与式文化，新媒介技术由于支持广泛的参与，能够提升受众的公民性，促进民主社会的形成。正如米哈伊利斯（Mihailidis）所言，人们之所以对媒介素养教育的兴趣上升，是因为需要更好地应对全球化和当代社会的公民意识，导致媒介素养作为一种参与活动的对象形态再次引起了教育、文化、政治等各领域的研究关注。[1] 巴顿（Barton）和汉密尔顿（Hamilton）在讨论媒介素养概念时提出将素养定义为"主要是人们做的事情；它是一种活动，位于思想和文本之间的空间……与所有人类活动一样，素养基本上是社会性的，它位于人与人之间的互动中"[2]。关于"素养"的这种广义上的理解与认识逐步在教育领域获得基本共识。

---

① MIHAILIDIS P. The civic-social media disconnect: exploring perceptions of social media for engagement in the daily life of college students[J]. Information communication & society, 2014, 17(9): 1059-1071.
② BARTON D, HAMILTON M. Local literacies: reading and writing in one community[M]. London: Routledge, 1998: 3.

（二）基于定义的概念内涵系统化问题

长期以来，学术圈在统一媒介素养的概念内涵上做出了不懈的努力，最为知名的就是 1992 年在美国召开的媒介素养领袖会议。随后，媒介素养概念进入发展中国家，而且各种层次的媒介素养教育运动也在全球范围兴起。但是，通过更宽广的教育实践，人们日益强烈地感觉到媒介素养在不同社会、文化背景下的差异化问题，于是 1998 年美国媒介素养教育专家霍布斯（Hobbs）在美国《传播杂志》上发表了《媒介素养教育运动中的七大分歧》这篇知名的学术论文，在文章中，霍布斯归纳了当代媒介素养教育理论研究与教学实践中存在的主要分歧，并认为人们对这七大分歧的选择与争议将在很大程度上决定媒介素养教育的未来走向与格局。之后，在互联网文化的迅速流转中，媒介素养的研究思潮也加速更迭，但以对媒介素养概念的义化研究为主的基本研究取向已经奠定。

目前对媒介素养的概念化只能是在特定定义中强调研究者所选择的不同的可操作化内容，因此，媒介素养已成为一个用于研究文本解释、语境、意识形态以及受众的术语，也部分或完全被用作媒介教育的同义词，每一种解释也都代表了不同的研究和教育目标，正如霍布斯在《媒介素养教育运动中的七大分歧》中所言："由于其跨学科性质，媒介素养被概念化为四种主要的理论立场：作为对抗大众传媒负面影响的手段；作为对抗大众传媒霸权的手段；作为认识媒介信息结构和建构性质的手段；作为在消费和创造媒体的实践中认识普遍存在着角色、信仰、表达权和主观性影响的手段。"媒介素养成为越来越多学科不断渗入的广泛跨学科研究领域。世界各国根据不同的教育体制特点开展了多元化的媒介素养教育，在有些国家，媒介素养教育已经成为学校教育体系里的专门课程或实践课程。由此可见，媒介素养的概念包容并蓄的基本学术潜意识的确有效地推进了媒介素养教育实践，为人们应对全球化发展带来的日益复杂的媒介信息提供了必要的帮助。然而媒介素养作为一个学术领域的教育议题，忽视概念系统化的发展取向仍然是制约媒介素养成为学术话语的主要问题。没有归属的多学科跨界会导致基本的学科研究范式规范缺失，使该领域基础理论的有效评估无法形成，无法指导人类媒介生存与发展。近年来，许多国家地区年轻一代的媒介使用引发的各种社会问题层出不穷，这是对当前各国广泛开展的媒介素养教育提出的质疑和挑战。

二、回归基本语义的本位概念视角

20 世纪 90 年代以来，基于定义的媒介素养概念内涵的系统化虽然收效甚微，但是后续的研究与实践发展以及问题现状给予了人们新的启示和思路：对媒介素养不同的解释认识对应了不同的教育目标与实践形式，基本的理论与相应的实践存在着必然的联系，值得针对这层联系更深入地探寻其普遍规律。前面基于语词的基本分析也发现：媒介素养在人们的日常生活中语义明确，并且普遍的理解和认识是相对统一的。这为媒介素养在学术概念内涵的系统化思路上提供了一个值得进一步探寻的分析角度。

（一）基于语义的概念内涵系统化价值

在基于语词的概念化中，虽然"媒介"和"素养"两个术语都存在着复杂的解释争议，但是"媒介素养"是由两个术语组合而成的短语，是需要符合基本语法规则的，即"媒介"作为名词形容词化对"素养"起到对象、内容、范围等的修饰和限制。因而，整个短语的中心词是"素养"，这也正是在许多国家和地区的学术研究中媒介素养与媒介教育两个术语常常互通互用的原因。虽然早期的媒介素养研究成果其实并不在教育领域，但现在很多拥有不同学科背景的媒介素养专家学者的研究都与教育、教育实践具有千丝万缕的联系，这些专家学者都对媒介的研究能够真正"落地生根"的教育图景进行过展望。例如，麦克卢汉早期曾在美国广播电视教育工作者协会进行过新媒介研究，在研究报告书中他阐述了媒介实验和媒介教学大纲。所以说，媒介素养的研究如果要确切地归属于哪一个学科，接受哪一个学科的研究范式检验，那应该是教育这门学科，如此才能有效地明确媒介素养的基本概念、基本理论和基本方法，建立学术合法化的话语自信。

相比于媒介的本体论思想理论化成果层出不穷，媒介教育作为一种媒介的认识论范畴至今还没有取得系统化的理论成果，并且与媒介经济、媒介文化等媒介的认识论领域也远不在同一个发展层次上。教育作为能够最直接塑造更好的个体和社会的实践场域，往往先要对纷繁复杂的各种本体论进行甄别、梳理和整合，结合"人的发展该何去何从"的终极思考来明确对特定事物的价值取向，并且严苛地按照教育学学科的应用逻辑对特定事物的教育活动质的规定性进行理论建构，由此开展的教育实践才会行之有理、一以贯之。由此可见，媒介素养当前的学术困境症结就在于没有接受教育的学科化规范，过去的媒介素养研究一直在努力统整着各领域有关的媒介思想观念，却忽略了在教育的研究范式下对这些媒介的理论观点进行再建构，从而形成能够改善现实、改变未来的媒介教育认识论体系，为指向人类的媒介生存与发展的终极目标建立正确的认识观，形成具有教育活动质的规定性的媒介教育指导体系。

（二）概念化的解释框架定位

其实媒介素养的教育学学科化规范之路并不是没有"成行"过，提出媒介素养应该归于教育的学者多少都尝试过。但笔者认为，这种规范仍然是站在教育的门外向教育领域内进行媒介素养的一般化介绍，往往散状地谈媒介素养的教育内容、教育形式、教育方法，这种教育学学科化路径是从实践到理论的反向建构，不但缺乏系统性，而且仍然难以对媒介素养现有多元互异的概念内涵进行系统化。回归到教育的本土领域，近年来教育理论发展的一个更大变化就是越来越重视引入关于人及其发展的规律性认识，也就是学习者从之前教育的一个要素走上了教育的中心地位，所有的教育理论及其教育实践都应该围绕对人的基本认识的逻辑起点推演开去。所以，从教育门内审视媒介素养的教育学学科化规范就是要立足"人的媒介生存与发展"这个原点。关于媒介对人的影响已经有了许多研究认识，媒介技术从改变传播形态到变革整个人类社会，从重构外部环境到改变人类的认知图式，毋庸置疑，媒介在重塑人的发展时空，这也是为什么要提媒介生存这个议题；媒介始终是人的发展工具，这也是对坚持怎样的媒介生存发展的基本认识。此外，媒介素养这一短语的中心词"素养"释义为"平日的修养"，这一解释也是隐含了主语"某人"的，所以媒介素养就是围绕个体所能达成的状态、水平的描述，显然，这与教育学学科的应用对象逻辑是相一致的。

不同于客观世界的事物，个体是一个动态的对象，是一个具有基本发展逻辑和可能发展导向的主观能动性对象，人们在建构对媒介素养的基本理论观点时都是基于对人的不同类型定位而言的，如最初以保护主义为取向的媒介素养就是基于人们对媒介的负面影响只能被动接收的基本认识提出的，强调媒介教育就是对大众进行免疫教育；而21世纪提出的参与式社区行动则将人们定位为可以成长为未来理想公民的对象，媒介教育就要强调"赋权"。显然这两种取向的媒介素养内涵的教育目标存在着本质的冲突，但是在现实的世界各国家和地区却同时具有应用的市场和受追捧的研究圈，结合社会媒介化的全球化进程可以发现，这是一场由西到东，由发达国家和地区到发展中国家和地区的一种扩散化进程。由于科学技术为内核的社会变革需要相当的经济基础、人才资源才能铸就引发变革的基础性保障条件，所以当前各国地区的社会媒介化程度、人们的媒介生存境况及其相应的媒介教育需求都存在着显著的区域性差异，从而回应了为什么多元互异的媒介素养内涵及其教育实践能够共生与发展。但是深入分析可以发现，区域的社会媒介化不均衡塑造了不同个体的发展时空，这正是对曾经发生在西方国家和地区的媒介生存发展历史的重映，从而使得来自发达国家和地区的媒介素养历史观能够在发展中国家和地区流行起来。这在一定程度也反映了发达国家和地区对媒介素养内涵的流转是基于人们的媒介生存能力的发展，人们的媒介生存能力存在着阶段性的发展，当前发展中国家和地区在引入他国的不同媒介素养内涵时要密切结合本国的媒介社会化程度、人们的现实媒介生存境况进行具体分析，然后进行甄别与判断。对媒介素养概念内涵的系统化进行教育学学科化规范可以尝试通过个体发展的解释框架来展开。

三、指向个体发展的概念内涵体系

教育学作为关于人的一门科学，是以个体的发展理论为基础建立的学科，基本遵循以年龄为主要界定指标的不同能力水平和发展倾向。然而，媒介素养的发展却打破了传统教育学的个体生命历程发展观，社会媒介化进程的区域化差异成为主要指标对教育对象的媒介生存水平与发展进行界定，人类媒介生存的境况和发展水平的不同催生了不同的媒介素养强调的内涵与价值。近年来我国社会媒介化进程发展迅猛，因此媒介素养概念内涵的历史观引入我国后，出现了在同一地区均具有适用领域的特殊媒介教育现象。结合我国媒介教育能够包容多元互异的媒介素养内涵的共同发展实践的情况，我国学者可以尝试将教育学的个体内涵发展作为逻辑主线对现有多元化的媒介素养内涵进行系统化梳理，建构媒介素养的教育学学科规范化理论模型。该模型的建立有利于指导在媒介社会化区域性差异日益减小背景下各国社会开展学校体制的媒介素养教育工作，从而将媒介教育有效统一到社会学校以个体生命历程不同阶段的特质差异为中心的系统化教育活动中。

（一）不同概念内涵的媒介与受众的二元逻辑

陆晔着眼于受众对大众传媒认识的更新，提出媒介素养研究历程存在四次"范式转移"：20 世纪 30 年代的保护主义立场强调批评意识的训练和提升公众免疫力；20 世纪 60 年代强调提升对媒介内容的选择和辨别力，关键是提升分辨力引导进行选择；20 世纪 80 年代重点为对媒介文本的批判性解读，揭示大众媒介文本建构的"媒介真实"与现实世界的差异性；20 世纪 90 年代以来的参与式社区行动通过"赋权"发展自主创造信息的能力从而形成民主社会行动。[①] 虽然在历时性的学术史发展背景下用"范式转移"来指代媒介素养理论观点的形成是不够严谨的，如保护主义和选择辨别这两种理论观点本质上具有完全相同的理论立场，但是这一观点为个体生命历程的考察视角提供了媒介素养内涵的基本概括思路。

大众传媒对受众的影响作用是媒介素养研究兴起和发展出不同概念内涵的基础性认识前提。过去的研究文献普遍存在着对大众传媒的负面认识，保护主义、选择辨别和批判性解读这几个理论观点就是以对大众传媒的负面认识为逻辑分析起点形成的理论观点，但对大众传媒的积极

---

① 陆晔. 媒介素养的全球视野与中国语境 [M]. 媒介素养：理念、认知、参与. 北京：经济科学出版社，2010：1-12.

认识正随着参与式社区行动的研究新动态逐渐受到重视。此外，受众也是隐含在对大众传播影响作用中的关键要素。早在 1998 年的一次媒介素养研讨会上，波特等学者就提出，媒介素养的两个主要理论观点（接种理论和文化研究）带来了对主题的定位和对受众的假设，这不仅影响了解释，还影响了主题的教学。并且当时已经有相当一部分学者认为，浸染在文化中的公民是有权控制媒体对自身产生哪些有益的影响的。所以，对受众的定位是形成媒介素养理论观点隐含的前提假设，基于对受众的假设提炼出了接种理论和文化研究两种理论观点，前者更强调大众传媒对受众的单向影响，受众往往是一个被动接收的角色，显而易见，保护主义和选择辨别都是基于接种理论的受众假设提出的理论观点；文化研究提出大众传媒是受众参与建构起来的文化，只是其中强调批判性解读的理论观点关注到现实这种建构起来的文化反过来给受众带来了负面影响。而提出参与式社区行动的理论观点则认为已经积累了相当丰富媒介认知的受众能够在大众传媒的积极影响中建构起健康的民主社会，尤其强调受众的自主性。

　　总体而言，分析不同媒介素养理论观点中关于媒介和受众二元逻辑的基本立场或假设可以得出，其实受众在媒介素养研究发展历程中一直是一个具有发展性的研究对象，由此带来大众传媒对受众的千差万别的影响作用的基本认识，发展出不同的理论观点和概念内涵。

（二）不同概念内涵的受众生命历程特点

　　通过以上对不同理论观点的媒介素养概念内涵的深入剖析，对受众的不同假设是结合教育学学科基于个体发展历程的教育活动规定性可以进一步展开分析的对象。当前媒介素养的理论观点主要存在三种基本的受众类型：在大众传媒信息环境里要被适当地保护以逐步发展出基本辨别力的弱能型受众；受大众传媒文化环境浸染的不良影响需要逐步发展解读媒介文本背后蕴含的深层次经济、政治、文化等影响的思辨型受众；在大众传媒技术环境对社会参与的深刻影响下强调逐步发展能够通过自主创造媒介文本有效参与社会生活的参与型受众。由此可见，现代媒介给社会带来的三种不同层次的环境影响提出了受众发展的不同目标，很明显受众的发展性定位正是呈由低到高的趋势。

显然，参与型受众的假设强调的是个体的技能性发展，是包括了操作性技能和心智技能的综合性技能。受众被预设为未来的理想公民，需要通过参与式社区行动培养将自主思维转化成言语、图形、符号、多媒体等的能力，并将其作为自身参与社会、政治、文化等公共事务的工具或手段，因而该阶段受众往往自身已经进入了政治社会化发展的阶段，对于基于公民社会的政治角色和身份具有更为敏感的知觉，从而能够有效促进个体的内隐性和外显性技能相结合的综合化参与能力的发展。20世纪末21世纪初，国际教育局等机构开展了"公民资格教育"研究，这一研究在当时被称为"最有价值的国际比较教育研究"之一，强调在个体的青春期末和成年初期，教育介入其公民资格的基本取向和基础知识习得是具有影响的，并且提出教育对个体社会化的解释已趋向参与式认知发展的理论模型，因而参与型受众的媒介教育正适宜在个体政治社会化的发展阶段中介入，为成年时期参与社会工作后日益增加的政治生活做好相关能力准备。结合以上教育学领域关于学习类型、学习结果与学生认知、技能、政治社会化等发展理论的研究分析，媒介素养三种研究范式的理论观点对受众的假设及其媒介素养发展的内涵正是具有个体生命发展历程特征的规定性教育活动，由此来梳理媒介素养的各概念内涵有利于基于教育学视角进行系统化。

第二节　学生媒介素养发展阶段论的建构

长期以来有关媒介素养的研究建构了多元互异的理论观点，形成了截然不同的教育实践目标和内容。随着媒介化社会生态的演变日益饱和，媒介素养领域兴起了如何统整现有多元化观点的新研究动态。鉴于媒介素养的研究最终都指向教育的应用实践，本书尝试以华东师范大学教育系教授陈桂生多年来凝练的教育学基本概念方面的观点为理论分析工具，对媒介素养的不同研究取向进行解构辨析，从而审视确认多元化的研究理论内在统一的教育学基本逻辑。基于以上分析研究，本书提出以"学生发展的生命历程"为统整的研究思路，尝试建构学生媒介素养发展阶段论，诠释媒介素养教育的基本逻辑。

媒介素养是一个理论基础多元流转的跨学科综合研究领域，至今概念的内涵界定、研究的价值取向、培育的内容形式等诸多方面都难以达成共识。学术界对媒介素养的核心思想似乎存在着普遍的共识，并对多样化的外围思想也普遍接受。但是值得注意的是，相关研究多数最后都关注教育。

一、媒介素养的教育学逻辑范畴思考

媒介素养在中西方的语义里都具有普遍的、清晰的意旨，指代了公众社会生活中明确的特定领域，和文学素养、科学素养等概念一致，都是表示个体某一方面发展水平的词汇。教育作为有意识的、以影响人的身心发展为直接目标的特殊社会活动，自然而然在媒介素养研究领域中具有普遍、重要的地位。然而，回溯学术史可以发现，"什么是媒介素养"的争议占据了研究主流，导致了"怎样发展媒介素养"的教育范式出现了割裂，马斯特曼总结了媒介素养教育具有"三大历史范式"，我国学者陆晔也提炼出四次"范式转移"。虽然过去几十年媒介技术的迅猛发展导致了对媒介素养认识的基本理论观点不断流转，但是随着社会媒介生态演变日益饱和，对媒介素养的研究显然需要回归主流，这也是对发展至今多元互异的媒介素养理论观点进行系统性反思、梳理，极具价值的研究创新思路。所以说，利用教育学逻辑范畴审视"媒介素养是什么"的诸多理论观点才是直抵该研究领域目标的。

陈桂生提出："任何一门基础性质的学科，只有形成本学科的专门概念，并尽可能严格地保持自身的基本概念，进而培植出本学科独立的见识，作为研究范围的核心，才可能在林立的基础学科群中具有独立设置的价值。"[①]正是教育学的基本概念划分了其独特的研究范畴，所以界定教

---

① 　陈桂生．教育学究竟是怎么一回事：略议教育学的基本概念[J]．教育学报，2018，14(1)：3-12.

育学分析的框架先要做的就是找准这门学科的基本概念。那么当前媒介素养的研究理论应该通过哪些教育学基本概念建构具有学科专业化规范的"教育理论"呢？陈桂生从概念原义和转义的角度，澄清了教育学基本概念内涵问题的由来，以及教养、教学和课程等具体概念的内涵。[①]"素养"是指人们通过不断自我修养和自我锻炼，在某一方面所达到的较高的水平和境界，是与表示生理性特质的"素质"显然有区别的一个社会性概念，其中教学活动就是赋予"素养"独特社会性的社会活动。"素养"在教育学中的兴起是教育价值观念由"教程"向"学程"逐步权衡回归的一种演变表现，如中国学生发展核心素养体系正是在一般意义的教育本义基础上，依据当代文化特点确定的新时代教育价值追求和教养价值追求。因此，当代教育学中的"素养"概念隐喻了从读写算的基本技能、语言文本的解释学理论扩展为具有历史情境的论域，是个体社会化进程中非直接影响作用的组织环境。媒介素养就是核心素养单元性结构基础之上的"多元素养"之一，包括传统的语义素养、工具素养与再现素养，它包括对媒介技术、工具的社会化使用、认知与创造，也包括对媒介建构的"第二世界"涵化养成、意识觉醒和迭代创新，所以说不但媒介素养教育理论是被"教育""教养"作为价值标准衡量的教学活动理论，而且"教育""教养"的价值观念也受当前各种媒介素养理论观点的深刻影响，如中国学生发展核心素养提出的社会参与方面就与当前媒介素养的"参与式社区行动"研究思潮密切相关。以互联网为核心的现代科学技术变革营造的特定时代历史与文化情境重构了学生获得所处时代应有的知识与技能的"素养"单元结构，通过对"教养"的教育学基本概念内涵施以转义的作用力，促成了社会化时代下当代教育价值观念的变化，以社会参与界定的发展核心素养正是教学活动中的"课程"观念需要对标的价值规定性，媒介素养的教育学理论就是要建立在这样的教育学逻辑范畴之内。

---

① 陈桂生，殷玉新．关于教育学基本概念的内涵问题：陈桂生先生教育学问对 [J]. 当代教师教育，2020, 13(1): 1-5.

二、媒介素养理论观点的教育学分析框架

虽然媒介素养不同理论观点是不同历史背景的产物，但是在今天世界不同国家不同地区甚至同一国家同一地区，媒介素养教育实践现实却包容了各种彼此有差异甚至价值取向完全相反的理论认识。不同国家不同地区的媒介技术条件不一致、媒介社会化程度不均衡，因此基于不同社会文化情境的媒介素养认识深度必然存在着差异，由此带来的教育实践也就千差万别。但是，作为经济社会飞速发展的国家，我国媒介素养的教育实践就呈现出不同理论观点多元包容共同发展的态势，虽然其中可能裹挟了人们在被压缩的历史进程对媒介认识自然形成的不同层次差异，但是迅速流变的媒介化生存境况能够激发人们发挥主观能动性的基本历史认识。于是需要思考这样一个问题：当前多元共存发展的媒介素养教育实践必然具有一定的合理性，如何认识这个合理性？这个思考是针对媒介素养教育现实的，是一个教育学逻辑范畴的问题。综合之前的分析，以媒介素养不同理论观点的"教育"概念内涵历史性变化为思考起点，以学生应有发展能力水平的"教养"价值辨析为分析工具，建构基于教学活动层次的教育学理论，如图 15-1 所示。

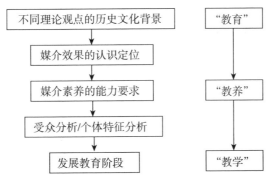

图 15-1　不同理论观点的教育学分析思路

媒介素养不同理论观点提供了不同历史文化背景下媒介教育内涵的基本释义。媒介素养研究历程主要基于道德人格和多元发展独立人格两种教育价值观念，当代媒介素养教育正经历由前一种概念内涵向后一种演变的历史性改革时期，是与当代我国教育变革同步的，所以媒介素养

不同理论观点的教育学研究分析具有内在价值观念的规定性统一。

媒介素养不同理论观点基于两种教育价值观念以及近现代以来不同思潮更迭提出了个体媒介生存必要的能力，其中有单元性结构的新能力，如批评意识、甄别选择能力；也包括基于传统单元性能力的上位复合型结构能力，如批判性思维能力就是强调在传统的语义解释能力基础之上发展媒介技术对知识再生产的认知与技能。一些研究虽然对媒介素养是多元综合能力的统称的认识相对到位，但是并没有深入区分不同理论观点提出的能力之间的这种性质差别。单元性结构的能力往往是复合型结构能力，虽然没有级别、强弱上的区别，但是却存在着发展序列上的先后关系，这启示了学生应有的认知与技能是基于个体发展阶段的"教养"价值追求。"教养"区别于"教育"，从学生的角度提出对教学活动衡量的价值标准，本质上蕴含着基于个体动态发展的"教养"价值追求的演变性，这正是近代以来基于发展心理学的研究成果建构起现代教育科学理论的历史观点能够充分佐证的。因而，可以依照"教养"价值观念的发展性演变探索从"抵制"到"参与"、从"保护主义"到"超越保护主义"不同理论观点对人们提出的能力要求存在的关联性谱系规律，以此为核心探寻建构媒介素养教育的教育学理论思路。

三、媒介素养理论观点的教育学分析

根据之前的分析，媒介素养研究阶段的教育价值观念主要有两个历史阶段。当前媒介素养教育的价值观念正在经历历史性转变，虽然纯粹的"保护主义"已式微，但"超越保护主义"并没有完全将其取代，当前媒介素养研究与实践呈现出的是多元发展的主流趋势，其中"保护主义"价值观念下的媒介素养研究历史较长，理论成果相对完善，而"超越保护主义"是21世纪交替之际才逐渐兴起，相关的研究与实践才刚刚起步，还没有形成相对成熟的理论观点。所以，"保护主义"取向的媒介素养仍然是教育学研究分析的主要对象。进一步剖析相关不同理论观点的价值观念本质，"保护主义"可以划分为纯粹"保护主义"和有限"保护主义"两种媒介素养观，其中有限"保护主义"是当前我国学生媒介

素养教育研究与实践的主流价值观念，但是本书是以分析整体的个体生命历程发展为视角，所以这里提出媒介素养的三个"教育"概念内涵的价值观念，分别按照前面提出的教育学研究框架展开分析，如表 15-1所示。

表 15-1　不同理论观点的媒介素养教育学分析思路

教育价值观念立场 观点	纯粹"保护主义"	有限"保护主义"		"超越保护主义"
媒介的基本认识	媒介作为拟态现实的发展环境	媒介作为传递信息的载体	媒介作为不同的语言系统	媒介作为更具普遍意义的社会过程
媒介影响的层面	生态/道德环境	信息环境	文化环境	技术环境
媒介效果基本立场	媒介 ⇒ 受众	媒介内容 ⇄ 受众	媒介内容制作文化 ⇄ 受众	媒介技术 ⇄ 受众
媒介素养方面要求	媒介使用方面的要求	媒介内容方面的要求	媒介语法方面的要求	综合性技能方面的要求
媒介素养能力	行为与意识	甄别能力	批判性思维	公民性参与
受众的假设	受众需要保护、提升免疫力	受众具有基本的辨别选择力	受众具备理性解读的文化社会知识	受众具备自主权和媒介创造能力
个体的基本特质	依赖、规范	探索、求知	质疑、逆反	社会归属
个体的意识特性	弱自主意识	自主意识	自我意识	社会自我意识
发展教育阶段	幼儿中期	幼儿晚期、儿童早期	青少年期	青少年晚期、成年初期

（一）纯粹"保护主义"：媒介使用行为与意识教育

保护主义是当时精英主义背景下的一种偏激的媒介认识观，认为大众媒介对文化传承、道德维护造成了不良的作用，由此提出训练批评意识、提升免疫力等教育举措。这种理论观点强调媒介带来的负面影响，忽略了受众的自我意识。所以在媒介教育中受众被假设为没有基本的判断意识、只能被动地接收。媒介素养教育介入首先是保护受众免受不良影响的侵害，其次是使受众养成媒介使用的消极作用基本认知，也就是所谓的批评意识训练。在日常社会生活中，保护主义的理念十分适用于处于幼儿中期的受众，由于生理发展的限制，此时期的个体依赖于他人的认知判断建构对外界的基本认识，因而十分有利于对其开展规范性、养成性的行动模式教育。现代社会对幼儿期过多使用媒体会危害身心发展已经形成共识，除了会对如视力、脊椎等身体发育造成不利影响，还会对创造力、智力、社会性等方面造成较大影响，所以现代媒介给幼儿带来的是一个拟态现实的发展环境。虽然现有科学研究结论还无法全面充分地帮助人们认识到幼儿期的媒介使用内容、程度对个体能力甚至后期发展会产生怎样的影响，甚至众多研究的结论还存在不一致，但是现实中幼儿使用媒介的程度、接触的内容以及接触的周边环境等相关可能的影响因素过于复杂与不可控，因此需限制幼儿的媒介使用。结合幼儿期相对弱化的自我意识发展特点，可以针对幼儿的媒介使用行为模式、基本认知意识进行养成式的教育干预。

（二）有限"保护主义"：媒介内容甄别与语义批判教育

强调对媒介内容选择与辨别，该理论观点认为媒介内容中既有会对受众造成不良影响的内容，也有对受众具有积极作用的内容，所以强调媒介教育要发展个体的甄别能力，能够对良莠不齐的媒介内容进行辨别与选择。该理论观点将媒介对个体的影响界定在信息环境层面，说明受众在该阶段对于媒介内容的刺激反应相对敏感，当中隐含的信息是受众是对媒介内容具有自主意识的个体，是具备了发展辨别学习能力的特定对象。幼儿晚期的个体随着身心的发展能够对自身活动具备一定的自主性，也可以进入辨别学习层次的能力发展，这一时期的个体对外界世界充满了好奇、探索的求知欲望，所以媒介提供的丰富信息环境与其该阶段的基本发展需求相契合，但是现实媒介内容的参差不齐对于个体正确、健康地认知世界存在较大的隐患，所以该阶段媒介素养教育强调对媒介内容的甄别教育。

强调对媒介内容制作的背景性文化解读的理论观点关注特定语义系

统下生产的媒介内容给受众思维方式带来的负面影响，所以媒介被界定在更接近文化环境的层面，强调对受众开展媒介语法方面的素养培育。该理论观点假设受众对文化、社会和媒介等多方面具有一定认知储备。媒介语法的认知与应用是需要打破日常思维模式的一种素养训练，所以往往需要个体具有更强的质疑意识、逆反思维意识，所以青春期是发展批判性思维的一个适宜的生理阶段。青春期个体往往由于生理的巨大变化，在心理上会产生强烈的自我意识，并且随着身心的快速发展与成熟更加强烈地渴望独立自主，所以经常倾向于批判、反抗的态度，虽然这会导致一些心理、行为问题，但是对于激发个体对媒介语法的学习与思考来说是得天独厚的身心基础，也对该阶段的媒介批判性思维教育提出了更科学化的教育活动规定性要求。

（三）"超越保护主义"：媒介技术的公民性参与教育

强调参与式社区行动作为媒介素养研究取向的理论观点提出现代人在长期的媒介生存与适应中已经发展成为老练世故的媒介消费者，所以媒介素养要求应该处于更高层次，与国家社会对合格公民的培养目标相一致。进入 21 世纪，媒介技术对社会生活的不断渗入对现代人类已经从行动模式到认知图式产生了全方位的深刻影响，媒介的科学技术核心力再次发挥了变革人类社会的重要作用，所以该理论将媒介的基本认识回归到技术层面，认识到现代媒介技术与大众传媒为个体发展政治社会化提供了良好的参与技术环境，因此在批判性思维培育的基础上提出发展个体的公民性参与力。青少年晚期、青年早期是个体政治社会化发展最佳教育介入阶段，所以媒介公民性参与能力的培育已经脱离了纯粹的媒介环境领域，将媒介作为了更具普遍意识的社会过程中更广义的认识定位。由此，该阶段个体社会性自我意识的发展基本需求与具备相对丰富的媒介认知和自主创造性的媒介素养相结合，能够促进个体的公民性社会化。

四、学生媒介素养发展阶段论的建构

根据以上对不同发展阶段的媒介素养教育内容、目标的剖析，个体的媒介素养发展具有如图 15-2 所示的生命历程特点，遵循着四个固定顺序的主要的发展阶段与过程：幼儿期 3～4 岁的媒介使用行为与意识水平；幼儿晚期、儿童早期 5～10 岁的媒介甄别能力水平；青少年期 11～14 岁的媒介批判性思维水平；青少年晚期、成年初期 15 岁以后的公民性参与水平。虽然可能由于媒介生存环境的发展不均衡导致介入个体的生命历程阶段不完全如图所示，但是任何一个个体的媒介素养发展不会缺少或跨越任何一个发展阶段，都需要按照由低到高的顺序提升媒介素养发展水平，而且一般不会出现素养能力的退化现象。此外，由于各阶段的媒介素养水平的达成都需要个体的发展达到某些能力基础，所以特定生命历程阶段的个体只能理解与完成对应媒介素养水平的能力发展，超前的教育干预是无法完全提升学生的媒介素养发展水平的。除了之前论述的学习水平、成长动机、生理条件等发展性限制，还有一个十分关键的影响因素，那就是个体的道德发展水平。媒介素养最早被研究关注的就是基于媒介给文化传承、道德维护带来了巨大的负面冲击所提出的保护主义的理论观点，因此各阶段的媒介素养都要基于相应的个体道德水平才能顺利地发展。根据科尔伯格（Kohlberg）的道德发展理论提出的三水平六阶段，一般来说，0～9 岁的孩子属于前习俗水平，个体会以行为的直接后果和对自身的利害关系进行道德判断，所以对于媒介使用行为模式的养成、对媒介使用行为的基本认知教育以及对媒介内容的甄别教育可以通过对幼儿、儿童进行类似奖惩这种简单的刺激与反应学习模式开展；9～15 岁的孩子属于习俗水平，个体更加理解社会规范，开始意识到法律与秩序的存在价值，因而对媒介内容制作的背景性文化具有了反思、审视的基本道德判断标尺；16 岁以后有部分人能够向后习俗水平发展，个体的道德评价可以超越法律或权威标准，具有更加普遍的道德伦理准则，媒介素养发展的最高阶段公民性参与就是基于如何充分发挥现代媒介的参与性技术优势培育能够促进社会更好发展的未来合格公民提出的，其中的一个基本逻辑就是希望个体的发展水平能够超越对现有的社会秩序的普遍认知，更加普遍的道德伦理水平发展有利于促进个体达到这一高阶媒介素养。

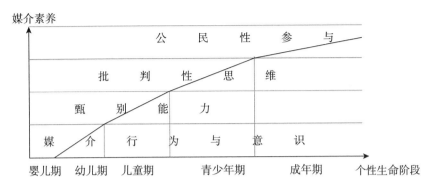

图 15-2　个体媒介素养发展的阶段

由此可见，各阶段的媒介素养都是一种综合性的复合型能力统称，与之相对应的基础能力和基本素养如果还没有发展到相应水平，那么媒介素养就无法顺利进入下一个阶段，这可能也是媒介素养教育实践在当代社会无法全面推行的一个重要原因。斯坦福大学历史教育小组 2015 年发布的一项调查显示，超过 80% 的初中生认为"原生广告"，甚至包括带有赞助内容的广告都是合理的新闻报道，学生直到高中阶段快结束才逐渐意识到事实可能是被建构出来的。可见相比于进行基础调查，当代青少年学生更相信自己的判断，而且常常感情用事。但是也需要特别强调的是媒介素养作为多重能力综合的表现，不同能力的状态只有发展条件导致的生命历程时间序列上的先后之分，并无能力之间级别高下之分，所以能力也同素养一样是特定"教育""教养"价值追求的时代产物。媒介素养的发展阶段相关理论使越来越多的人认识到媒介教育中要遵循个体的认知发展规律，以受教育者为主体设计、组织与其发展阶段相适应的媒介教育活动，当前尤其要关注和研究对达成媒介素养发展水平的基础能力和基本素养的教育干预。

五、媒介素养发展阶段论的几个问题辨析

（一）媒介素养的教育学概念内涵再思考

在学术研究领域，媒介素养概念的界定一直是存在争议的领域，有的以媒介不同技术形式为定义核心，如电视素养、计算机素养、电影素养等

或如新媒体素养、数字媒体素养等；还有的以技能、知识或活动其中一方面素养为定义核心，如媒介评估能力、媒介批评能力等单元结构或如批判思维能力、公民性参与能力等上位复合型媒体素养能力。虽然这些关于媒介素养的概念界定侧重点不同，但都是相辅相成的，都是人们在研究如何处理与媒介技术关系的范畴内不断提升对其解释的完整性的认识。媒介素养是由两个日常社会生活中都具有核心、关键语义的基本词语"媒介"和"素养"共同组成的短语，在教育学学科研究框架下，媒介素养概念内涵的释义就应该基于"素养"的基本词义。"素养"是围绕个体发展水平的一个易构性基础词汇，与达成某一方面水平所展开的教育活动具有内在天然的逻辑联系，因此对于媒介素养概念内涵的解释可以通过指向个体发展的终极目标来规定。媒介素养是指以个体生命历程不同阶段的媒介化社会生存、发展与创造的需求基本特点为基础与目标开展相应的教育活动，从而在处理自身与媒介技术环境的关系中修习出的一种平常的涵养。所以说，从个体发展的指向上提炼的媒介素养概念内涵兼容了当前多元互异的理论立场，使一贯的培养目标之争在个体生命历程发展的差异性需求中消解，一方面为媒介素养多样化的现有研究成果提供了提升学术话语权的一种拼图模板，另一方面为当前大量跨领域的"关于教育的理论"如何形成"教育理论"的研究提供了一种逻辑思路。

（二）媒介素养的"教养"价值观念再思考

媒介素养正是在我国经济社会转型和教育全面改革的双重发展背景下日益引起广泛研究关注的，从语义上理解是对"教养"价值观念的一种规定性，强调从外部客观知识转化成学习者内在修养的价值维度。媒介素养不同于文学素养、艺术素养、科学素养，它是依赖于飞速流转的物理技术发展起来的能力水平，所以处理这种由客我到自我的意识发展是一种全新的认知经验，没有过多的前期教育教学理论可供借鉴与指导。因此，学习者的自我修养比外部引入的教育体制训练更加具有价值，这就是媒介素养"教养"价值观念的独特性。因此，在建构媒介素养发展阶段论中，将"媒介行为与意识"作为最基础、最初的发展内容与目标是对媒介素养自我修习的有意识注意和控制，在媒介技术研习和媒介空间实践中自发总结、反思，逐渐形成适应现代社会发展的信息处理策略。

最后需要特别论述的是有关教育的目标与取向对媒介素养发展阶段的重要影响。本书提出的媒介素养发展的阶段是根据西方媒介素养研究的发展历程总结的，虽然不同地区的同一个体生命历程应该强调的媒介素养内涵方面具有内在的一致性，但也存在国家体制、社会文化、教育功能、群体特质等差异对个体媒介素养的教育取向、内容和目标的阶段发展带来的影响。因此，要将媒介素养发展的阶段应用于具体的教育实践，还需要针对不同国家地区的教育活动规定性进行具体的教育阶段目标、内容设计。媒介素养进入教育学学科还有很长一段路，但世界处于快速发展过程中，教育研究与实践工作者要以时不我待的紧迫感围绕发展各项推动媒介素养发展的基础能力和基本素养开展工作。

第十六章　大学生社会责任意识教育实践初探与示例

第一节　微公益与大学生社会责任意识的理论解读

2022 年 9 月，中国乡村发展基金会发布的《2021 年大学生公益现状调研报告》显示，大学生公益热情高涨，约 66.3% 的学生明确表示愿意参与公益，超 80% 的大学生认同"高校学生有责任关注并参与社会议题"，35% 以上的学生表达了毕业后在公益机构就业的倾向。微公益作为当今时代新型的公益形式，与大学生的社会责任意识培育具有什么样的关联，高校应如何利用这种新型的公益形式增强大学生的社会责任意识是本章研究的主旨。

一、微公益的概念界定、特征及理念

伴随着网络技术的不断发展，微博、微信的广泛使用，微时代正式到来，微生活逐渐成为当代人们生活的新方式。同时，一种全新的公益形式——微公益应运而生，并且发展十分迅速。联合国世界粮食计划署成立了 Free Rice 微公益网站，微公益这一全新的公益模式随之开启。民间公益借助新媒体开展得如火如荼，微博的发展为微公益的传播提供了更为广阔的平台，"免费午餐""大爱清尘""微博打拐"等众多公益项目不仅引起了政府的高度关注，还赢得了社会各界的关注与喝彩，获得了

企业的大力支持，这也凸显出了社会公众强烈的社会责任意识。微公益发展态势越来越迅猛，线上线下连同发展，影响范围越来越大，高校也越来越重视微公益实践育人的作用。

（一）微公益的概念界定

微公益是公益的一种新的表现形式，北京师范大学公益研究院院长王振耀认为微公益是"利用新媒体，让自己将自己的点点滴滴关怀融于社会整体之中的一种公益行动"①。倡导每个人都可以从自己身边的小事做起，创造公益价值。

张鑫认为："从小的方面说，'微公益'的核心其实就是从每一个人做起，从每一个时刻做起，从每一件小事做起，容易理解也易于执行；从大的方面说，这种公益理念如果得以鼓励和推广，相信会鼓励更多人支持和参与，对我们社会整体提高思想建设，形成良好社会风尚带来积极作用。"②微公益的出现和发展是公益事业逐步走向成熟的表现，公益可以是捐赠较多钱财、做大事的公益，也可以是根据自身的实际情况、兴趣爱好，选择自己喜欢、简单易行的方式来参与公益、奉献自己的爱心，履行一个社会成员应尽的义务。

王虹提出微公益的"微"可以从不同的角度来进行阐释，具体如下："一是借助微博、微信等网络自媒体平台发起与宣传公益活动；二是从微不足道的公益事件着手，积少成多，将点滴公益汇集成强大的力量；三是汇集学生的微少时间，见缝插针地自发开展公益活动。"③

通过借鉴上述学者的研究成果，本书如此界定微公益：微公益顾名思义，是指微小的公益，既指基于新媒体，特别是伴随微博、微信的流行，不断被人们所接受并积极倡导的一种自下而上的新型公益形式，即利用微博、微信以及各类 APP 发起的网络公益；又指线下微小的公益事

---

① 济源市慈善总会.王振耀：微公益是一场革命[EB/OL].（2020-05-18）[2023-01-28].
http://jycsnet.com/news/12_113.

② 张鑫."壹基金"：让公益成为习惯[J].思想政治工作研究，2010(4)：23-24.

③ 王虹.基于"微公益"载体的高校思政课实践教学创新研究[J].职教论坛，
2016(20)：75-78.

件，如发掘身边微小的社会需求，从身边小的公益事件做起，随手关灯、垃圾入桶、为需要帮助的人让座等；还指线上线下相结合的简单易行、丰富多彩的公益活动，如各类 APP 中通过捐赠步数献爱心的活动。微公益提倡人人都积极参与公益，奉献自己的力量，将微公益作为一种新的生活方式，随手、随时做公益，最终形成全民公益新局面。

综上，本书微公益的范畴不仅包含自媒体平台发起与宣传的公益活动，还包含线下的微小型公益以及线上线下相结合的公益活动。

大学生微公益主要是以高校为主体，专门为大学生开展的、旨在促进大学生自愿参与并为社会服务的各类公益活动。大学生可在学习之余，充分利用自己的碎片化时间，从力所能及的小事情着手，积极参与微公益实践活动，在行动中亲身体验不同的角色，领悟责任的内涵，明确自身的社会责任，树立正确的世界观、人生观、价值观，最终不断强化社会责任意识，并将这种责任意识落实到现实中，积极践行社会责任。

（二）微公益的特征

微公益作为新型的公益形式，并且是当今时代最具代表性的公益形式，它与时代相结合，有着自身独有的特征。相对于参与门槛相对较高、只有拥有大量的资金或者具有较高地位的人才能参与的传统公益而言，微公益具有参与主体"微"而大众化的特征。并且伴随着网络技术的发展，微公益更好地利用了网络化平台的参与门槛低、传播速度快、影响力大等特点，更加注重普通个体的参与和点滴的贡献价值，并且积极拓展参与形式，让广大民众都能选择自己喜欢的公益形式，以轻松的方式，积极参与公益，帮助社会中需要帮助的人群。微公益将点滴的爱心与奉献汇聚在一起，强调微事、微行动最终能够形成强大的社会公益力量，让公益行为更具价值性。微公益的特征具体有以下几点。

1. 参与主体"微"而大众化

微公益具有参与主体"微"而大众化的特征，这一方面指微公益的参与者多数是单个的个体，个体的力量较为微小；另一方面指微公益的参与门槛较低，参与主体可以是社会公众中每一个乐于公益的人，除了政府部门、名人、公益组织可以发起微公益活动，身边的每一个人都可以成为微公益的发起者，这将公益活动变得平民化、大众化。只要有这份对社会的强烈责任意识、爱心，就可以发起帮助身边人、身边事的微公益活动，并且每个人都可以参与公益活动。

2. 参与形式"微"而多样化

微公益的参与形式"微"而多样化，形式的"微"主要是指与传统公益相比较，不需要巨大的场地或者高昂的资金作为支撑，参与的人员不必每次准时到活动现场，如只需简单地对公益信息进行转发、点赞就是参与微公益。同时大众参与微公益不仅可以选择线上的活动，还可以选择线下以及线上线下相结合的微公益活动进行参与，形式多样化的微公益活动能够满足不同人群参与公益的需求。虽然微公益的参与形式比较微小，但如果每个人进行一次微行为，最终就会产生巨大的公益价值。对于高校的大学生而言，校园中随手拾起垃圾放进垃圾桶、随手关灯关水、上下教学楼井然有序等微小行为也是微公益的形式之一。

3. 活动内容"微"而丰富性

微公益不但参与形式多样化，而且活动内容十分丰富。除了常见的捐款、捐物等，节能环保、关注弱势群体等也都是微公益的重要内容。例如，在每年 3 月最后一个星期六的当地时间 20:30 至 21:30 的"地球一小时"活动时熄灯一小时，为环保奉献自己微小的力量。

4. 活动效果"微"而深远

虽然个人的微公益行为效果是十分微小的，短时间内也许对受众者产生的只是一些微小的帮助，但如果每个人都奉献自己的一点公益力量，通过日积月累，点滴微行终将形成合力，给公益事业带来巨大的变化，以"润物细无声"的方式改变着社会。

（三）微公益的理念

毛逸伦将微公益的理念与志愿者精神相联系，认为微公益活动所强调的"众筹"做服务、"积小善成大德"与"奉献、友爱、互助、进步"的志愿者精神具有一脉相承的关系。[①]张兰君、何雯则较为详尽地分析了

---

① 毛逸伦. 微公益视角下高校共青团青年志愿服务工作的问题与对策思考 [J]. 当代教育实践与教学研究，2015(9): 239, 238.

微公益的理念：主动发现自己周围微小的切实的社会需求，并且充分借助社会科技发展的力量，创新发展平台，鼓励更多人积极主动关注身边的微公益事件，积极地参与其中，扩大公益的影响力。[①]

综上所述，微公益理念就是倡导每个人从微不足道的身边公益小事着手，发掘身边微小的社会需求，鼓励人人参与、时时参与，强调微事、微行动，积少成多，汇聚每个人的点滴爱心，将微公益行为落细落小落实，让"微不足道"的付出通过每个自发个体，渗透到公益需求的每个角落，使越来越多的公益围观者成为公益参与者和受益者，最终形成庞大的公益力量，每个人都在微公益的行动中承担和践行社会责任，使公益的影响力更为广泛，惠及更多需要帮助的人群，随手公益、人人公益、时时公益逐渐成为一种习惯、一种生活方式，引领新的公益风尚。

二、大学生社会责任意识的内涵解析

社会责任意识是大学生思想政治教育的重要内容之一，也是道德建设的核心内容、中华优秀传统文化的重要组成部分。要理解什么是社会责任意识，就要先明确什么是责任以及责任意识，在此基础上再对社会责任意识以及大学生社会责任意识的内涵进行界定。

（一）责任意识

有较多学者对"责任"提出了自己的见解。魏海苓认为责任一是指分内应做的事；二是指没有做好分内应做的事，因而应当承担的过失。[②]田秀云、白臣认为："责任是社会存在和发展不可或缺的重要条件，每个社会成员都要承担相应的责任。"[③]责任一般可分为对自己的责任、对他人的责任、对社会的责任和对自然的责任。其中，对自己的责任就是完

---

① 张兰君，何雯.微公益对青少年身心发展影响研究 [J]. 当代青年研究，2013(3): 19-24.

② 魏海苓.责任与担当：大学生社会责任感养成机制研究 [M].北京：知识产权出版社，2016: 21.

③ 田秀云，白臣.当代社会责任伦理 [M].北京：人民出版社，2008: 238.

善自己的人格；对他人的责任就是尊重他人的尊严、人格与权利。①责任的内在心理结构由责任认知、责任情感、责任行为等三个基本要素构成；一个完整的责任心理和行为活动过程是这三个要素相互影响、相互制约、共同作用的结果。②

在对责任一词含义进行分析的基础上，对责任意识展开研究，其内涵相当广泛，包括责任认知，责任情感，责任行为等多方面。本书主要根据心理结构和过程的思路来对大学生的社会责任意识进行划分，分为社会责任认知、社会责任情感、社会责任行为等方面。况志华、叶浩生这样论述责任意识的内涵："责任意识是指社会群体或个人在一定社会历史条件下所形成的为了建立美好社会而承担相应责任、履行各种义务的自律意识和人格素质。"③本书采纳上述观点。

（二）社会责任意识

目前学术界对社会责任意识概念的论述被采用较多的是陆军恒发表在 2002 年 12 月 19 日出版的《人民日报》的《培养社会责任意识》中的有关论述。他认为："社会责任意识是指社会成员对自己所应承担的社会职责、任务和使命的自觉意识，它要求社会成员除对自身负责外，还必须对他所处的集体及社会负责，正确处理与集体、社会、他人的关系。社会责任意识是在社会实践过程中逐步形成的，是一个人的世界观、人生观、价值观在社会中的具体体现。"

在文献资料分析整理的基础之上，本书认为社会责任意识是指在一定的社会条件下，社会成员在自我认识的基础上，除了对自身负责，还明确自己所要承担的社会责任与所要履行的相应的社会义务，具备对他人、家庭、集体、国家等负责的自觉意识，并且处理好相互之间的关系，将这种道德自觉内化为个体的内心需求，为建设美好的社会而努力奉献自己的力量。社会责任意识主要涉及的内容有自我责任意识、对他人的

---

① 檀传宝，等.公民教育引论：国际经验、历史变迁与中国公民教育的选择 [M].北京：人民出版社，2011：292.

② 况志华，叶浩生.责任心理学 [M].上海：上海教育出版社，2008：114.

③ 况志华，叶浩生.责任心理学 [M].上海：上海教育出版社，2008：10.

责任意识、对集体的责任意识以及对国家的责任意识等。

（三）大学生社会责任意识

大学生作为社会中知识水平较高的群体之一，其社会责任意识有其特定内涵。学者魏进平、白星认为大学生的社会责任意识是"一种基于心理过程的责任行动，是大学生对社会责任认识过程、情感认同过程和意志行动过程的统一"[①]。大学生的社会责任意识是在一定社会生活中形成的，他们自觉地意识到自己对国家、社会、集体、他人以及自身应该承担的责任与义务，并不断地努力学习与实践，加深对自身与他人、集体、社会、国家关系的认识，树立科学的世界观、人生观、价值观，为实现中国梦积极践行社会责任，奉献自己的力量。

本书强调的大学生社会责任意识不仅包括大学生对自身、他人、家庭以及对生态环境的责任意识，还包括大学生的社会角色意识、社会关怀意识和志愿服务的意识等。

第二节　微公益对大学生社会责任意识培育的价值

伴随着全球化、现代化、信息化和网络技术的不断深入发展，在利益关系复杂化、信息沟通网络化的当代，个体的社会责任状况直接影响着个体的发展限度和社会的繁荣程度。相对于其他的社会群体，大学生群体的社会责任意识状况对社会的发展尤为重要。

一、高校培育大学生社会责任意识的近况分析

大学生是青年中的优秀群体，是培育和践行社会主义核心价值观的主要对象，他们的社会责任意识状况既关系到他们自身成长成才、人格完善和品德修为，又关系到国家的进步与发展。教育管理部门、高校以及学术界一致认为当代大学生社会责任意识的主流是积极健康向上的，

---

① 魏进平，白星.浅论提高大学生社会责任感[J].高校理论战线，2011(9): 60-62.

并且高校在增强大学生社会责任意识方面采取了许多有效的方式方法，取得了一定的成效。

（一）当前大学生社会责任意识主流呈现积极健康向上的趋势

基于对近年来大学生社会责任意识的相关文献以及笔者访谈资料的总结梳理，不管是从在理论上的论述还是从在实证研究方面得出的数据来看，大学生总体的社会责任意识是在提升的，并且主流是积极向上、健康的，对国家和社会都充满热情和责任感。学者魏娜面向全国54所院校，12个学科门类，包括1至4年级的大学生进行调查研究，结果显示，我国大学生社会责任感总体处于较高水平，平均得分为83.09分（满分为100分，下同），60分以上约占93.2%，80分以上约占70.1%。[①] 由此可以看出，我国的大部分大学生具有强烈的社会责任意识。例如，在大型赛事举办期间，志愿者的积极态度与身影成为赛事的一道靓丽风景，展示了中国青年的形象；在面临天灾人祸的时候，大学生积极通过各种方式捐款、捐物，伸出救援之手，用自己的力量帮助受灾的人们。大学生社会责任意识的主流是积极向上的，主要表现为以下几点。

第一，关心国家大事，具有爱国情怀。作为具有强烈爱国情怀的大学生，他们对祖国具有较强的热爱之情，关心国家大事，积极捍卫国家主权和领土完整。每年大学生都踊跃参军，积极投身保卫祖国的队伍，承担自身的责任。同时在面对各大自然灾害的时候，大学生也是积极捐款、捐物，并且利用网络的力量，给灾区的人民送去温暖和帮助。在重大赛事时期，大学生也展示出了当代大学生独特的风貌，赢得了各方的好评。

第二，关注社会热点事件。网络给大学生关注社会热点问题提供了方便，各种新闻客户端每天都会实时更新国内外各类新闻热点，大学生可以通过网络渠道积极关注国际国内社会大事，并且对自己感兴趣的话题进行讨论。

第三，积极参加公益活动，具有奉献情怀。《2021年大学生公益现

---

① 魏娜.90后大学生社会责任感调查报告[M].北京：知识产权出版社，2015：6.

状调研报告》显示，超过九成的大学生参与过公益活动，在大学生群体中志愿服务是他们参与度最高的公益类型，调查显示高达 77.7% 的大学生参与过志愿服务。可见，大学生具有较强的奉献情怀，无论是身边点滴小事的微公益，还是大型公益活动项目，他们都积极参与其中并通过点滴行动传递爱心。

（二）高校在增强大学生社会责任意识方面的积极举措

高校是大学生社会责任意识教育的主要阵地，为增强大学生的社会责任意识，高校也不断寻找着新方法新途径。

一方面，注重理论知识的教育。社会责任意识教育是高校思想政治教育的重要内容之一，思想政治教育理论课则是培育大学生社会责任意识的主要渠道。党和国家一直十分重视大学生的社会责任意识培育，并且积极加强思政理论课的建设。高校的思政理论课教师也在不断尝试新的教学方式方法，使教学内容与方法在贴合时代特征、贴近学生的同时能更好地向学生传授理论知识。例如，有的高校在思政课教学时，创新课堂教学形式，将课本中的一些知识点编成话剧出演，在编排演出的过程中，学生不仅较好地领悟了理论知识，还得到了很好的情感体验，进而逐步加深了对社会责任的理解。

另一方面，注重社会实践活动对增强大学生社会责任意识的作用。从 1993 年团中央开展青年志愿者服务活动以来，多年的实践证明，志愿服务已经让越来越多的大学生认识到自己的社会责任，树立了正确的世界观、人生观、价值观。并且各个高校会根据自身的实际情况灵活开展各类实践活动，以此来增强大学生社会责任意识。其中由西北师范大学共青团组织发起的"'爱·尚'微公益"实践项目就是一个较好的例子，该项目的实施体现了广大青年学生对社会责任和义务的自觉担当，项目开展以来吸引了许多大学生积极参与，并且该实践项目已经成了该校优秀的校园文化品牌活动。大学生亲身组织或参与丰富的微公益活动不仅有助于更好认识自身所担负的社会责任，还有助于提升各方面能力。

微公益是高校解决大学生社会责任意识培育短板的有效实践平台之一，它具有的时代性特征与大学生求新、求异的特点高度契合，不但丰富了大学生社会责任意识培育的实践平台，而且它所倡导的助人、利他等理念可以在具体实践中使高校社会责任意识教育落到实处。原因是大学生在微公益活动中能够更好地将助人、友善、利他内化为自身的一种道德品质，并逐渐增强自身的社会责任意识，形成一种随手做公益、时时做公益的行为习惯，最终将微公益作为一种新的生活方式。

通过参与微公益，大学生在服务社会、服务他人的同时，不仅开阔了自己的视野、将自己所学的专业知识运用到社会实践中，锻炼了自己的能力，培养了自己的品德，还在与微公益的互动关系中达到了利他与利己、助人与自助的统一，也缩小了与社会现实的距离，微公益从而成为培育大学生社会责任意识的有效实践平台之一。

二、微公益的特征与大学生社会责任意识教育的契合性

一是微公益的特征与大学生身心发展特点高度契合，有助于社会责任意识教育的实施。在互联网浪潮中成长起来的一代已是高校大学生中的主要群体，也是社会中最积极、最活跃、最具有创造性的群体，作为时代进步与发展的重要新兴力量，其身心发展特点与微公益的特征具有高度契合性，高校将微公益作为培育大学生社会责任意识的载体，更有利于增强实践育人的效果。

微公益使得公益活动变成快乐公益和创意公益，能够让参与者产生良好的体验感，而且具有较好的互动性。[①]丰富多彩的微公益给大学生关注社会、关爱他人打开了一扇窗。一方面，微公益参与方式多样、内容丰富、参与门槛低且易显示个人价值等特征非常适合大学生的参加。另一方面，大学生具有的求新求异、积极向上、关心公益、关注社会问题等特点给微公益在大学生中的发展提供了很好的土壤，同时有利于促进微公益的创新与发展。大学生通过参与微公益，能够认识社会、融入社会，认识自我、展示自我，了解国情、社情、民情，微公益在给大学生带来细微而又真实感动的同时，培养了大学生的正义感、使命感、责任

---

① 王秀丽. 微行大益：社会化媒体时代的公益变革与实践[M]. 北京：北京大学出版社，2013：43.

感、爱与奉献精神。大学生能够在进行微公益的过程中不断地自我反省、激励、评价和提升，逐步实现社会责任意识在情感上的升华，从而内心受到情感的激励，不断践行社会责任，成为具有强烈社会责任意识的新青年。

二是微公益的简单易行、微投入契合了大学生碎片化时间多、收入少的特点。大学生学有余力，碎片化时间多，但是他们的经济实力相对薄弱，大学生的这些特点与微公益参与门槛低、投入微小、简单行动就能做公益的特点相契合。高校可借此鼓励大学生积极参与微公益，在行动中践行社会责任。

三是微公益内容和形式的丰富多样契合了大学生求新求异的特点。新时代的大学生创新能力强、具有较强的好奇心与求异心理，对公益事业充满热情与活力，微公益丰富多彩的活动内容与参与形式正好与大学生的这些身心特点相契合，有利于促使他们更加积极地参与公益活动，践行自己的社会责任。同时微公益作为网络时代的公益新形式，借助互联网信息传播及时性、互动性等优势，不仅能不断扩大影响力，还能不断创新参与形式与活动内容，从而不断地常态化、生活化，让更多人可以找到自己喜欢的公益内容并参与其中。大学生求新求异的特点加上思维新颖、具有独特的创新能力等特征能更好促进微公益的创新与发展。因此，微公益作为新的公益形式，很快被大学生所接受，并在高校中不断地得到丰富与创新。

四是微公益丰富的线上活动契合了身处网络时代的大学生思维敏捷、创新能力强、网络技能优的特点。大学生是网络的主要使用群体之一，对各类社交媒体软件都较为熟练，容易掌握新技能、新方法。丰富多彩的线上微公益正契合了大学生在网络方面的这种特点。《第51次中国互联网络发展状况统计报告》显示，截至2022年12月，我国网民规模为10.67亿，互联网普及率达75.6%，大规模的网民群体有利于微公益信息的线上传播。同时网络时代是一个读图的时代、视频的时代，图文与视频相结合的网络信息能够引起网民的关注与讨论。线上丰富多彩的微公益活动对大学生具有强大的吸引力，大学生对网络媒体较为关注，能熟练掌握各种新型网络工具的使用方法，这使他们更容易接收到相关的微公益信息，能及时帮助需要帮助的人，同时能通过转发、分享等操作，让微公益的信息传播更加迅速，影响范围更大。

综上，微公益的特征与大学生身心发展特点具有高度契合性，高校将微公益作为培育大学生社会责任意识的实践载体更易于社会责任意识教育的实施与思想政治教育实效性的提高。

三、微公益培育大学生社会责任意识的实践路径

社会实践是大学生认识社会的基础，是大学生走向社会的关键环节，也是大学生积极承担社会责任、为社会作出贡献的重要途径。微公益作为一种小型的社会实践，对大学生进行自我教育、走向社会、进行社会化有着重要的作用，也丰富了高校社会责任意识教育的实践平台。大学生参与微公益不仅有利于了解社会，在各种不同的活动中体验不同的社会角色，加深自己对社会责任的认识与认同，还有利于对公益精神的把握，逐步塑造自己的行为，形成随时公益、处处公益的习惯。大学生在参与微公益的过程当中能发现理论与实践中的差距，及时修正自己的不足之处，不断完善自身。在"做"中"学"，在"学"中"做"，达到知行合一。

一是微公益丰富了增强大学生社会责任意识的实践教育途径。实践教育法就是组织、引导人们积极参加多种实践活动，不断提高思想觉悟和认识能力的方法，即在改造客观世界的同时改造自己主观世界的方法。马克思主义的实践观是实践教育法的理论基础。在实践过程中大学生能够亲身接触到各种社会现象，获得丰富的情感体验。大学生社会责任意识的教育大多集中在课堂教学，其中最主要的阵地就是思想政治教育理论课。但由于思政课堂教学方式方法较为单一、实践活动平台的创新动力不足等情况，实践育人的效果易大打折扣，学生在课堂上学到的社会责任意识理念不能很好地内化，形成直观的情感感受，这样社会责任意识教育就只会停留于理论表面，造成理论与实践的脱节。只有通过亲身实践，才能将所学的理论知识内化到思想中。因此，微公益作为大学生

参与公益、进行社会实践活动的方式，为大学生了解社会、感恩社会、帮助他人开启了一扇窗，丰富了高校增强大学生社会责任意识的实践教育途径、在微公益活动中大学生不仅可以获得丰富的情感体验，还能对社会责任有更深刻的认识。

二是微公益作为一种隐性教育载体有利于强化大学生社会责任的显性教育。显性教育是指通过有组织的、有计划的、直接的、外显的教育活动使受教育者自觉地受到影响的有形的教育。隐性教育则是一种"教育者按照预定的教育内容和目标，在受教育者周围设置一定的生活环境和文化氛围，引导受教育者去感受和体味，使受教育者在满足兴趣、爱好的同时，得到思想的净化和启迪，潜移默化地受到教育"①的一种无意识、不易被受教育者察觉的教育方法，具有渗透性、生活性。微公益作为一种隐性教育的载体是大学生社会责任显性教育的有效补允，能够将社会责任意识教育的内容渗透到活动中，不是直白地告诉大学生社会要求的是什么、自身应该承担什么样的社会责任，而是让大学生在丰富的各类微公益活动中亲自去体验、去感受自身应该具备的社会责任，从而达到增强大学生社会责任意识的效果。

三是微公益有利于切实提升大学生社会责任意识教育的实效性。微公益一经兴起，其理念以及丰富的活动内容便被大学生所广泛接受与推崇。他们不仅积极地参与线上各类微公益活动，还积极参与校园举办的各类微小志愿服务以及线上发起线下行动的微公益活动。大学生用他们独有的创新能力以及新颖思维，不断地推动微公益的发展与创新。国家社会都十分重视和鼓励大学生积极参与微公益，在微公益活动中奉献自己的爱心，了解社会，体验不同的社会角色，感受不同的社会情感，增强自身社会责任意识。例如，2011 年，共青团中央、新浪微博共同发起了全国大学生绿植领养活动，旨在传递环保理念，鼓励大学生亲身参与绿色植物的种植行动，唤醒大学生环保意识。截至 2022 年，该活动已成功举办至第十二届，先后进入了上千所高校为学生免费派发绿植，大学生成功种植绿色植物上百万株。这种活动不仅能够鼓励大学生亲身参与

---

① 郑永廷.思想政治教育方法论 [M].北京：高等教育出版社，2010：134.

绿色植物种植，还传递了一种环保理念，种子变绿植的过程不仅是碳中和的过程，还是让大学生懂得热爱绿色、热爱环境、热爱地球的过程。

通过分析与总结可以发现，大学生参与微公益活动不仅能深化对社会责任的认识，坚定为社会奉献的思想，增强社会责任意识，还能不断地将社会责任意识外化，积极承担社会责任，践行社会责任。这对高校而言切实提升了社会责任意识教育的实效性。

第三节　基于微公益的大学生社会责任意识教育策略

教育的直接目的是促进人的身心发展，最终要落实在行动上，并取得好的行动效果。由此可见，教育的内容是一个由低到高、由知到信，再由信到行，最后由行到果，这样一个由浅入深、循序渐进的过程。大学生的社会责任意识培育不是一蹴而就的事情，它是一个长期、系统且较为复杂的动态过程。针对大学生社会责任意识的现状以及高校在培育大学生社会责任意识方面存在的短板，本节着重从高校角度，探求如何利用微公益这种新型的实践形式增强大学生的社会责任意识，具体策略如下。

一、积极倡导微公益理念，使大学生内化社会责任认知

要积极倡导微公益理念，使大学生内化社会责任认知。将微公益理念与大学生社会责任意识教育相融合，需要从高校入手，高校作为社会责任意识教育的主阵地，应积极与家庭、社会联动，使大学生内化对社会责任的认知，不断增强大学生的社会责任意识。

（一）将微公益理念融入高校社会责任意识教育之中

高校作为社会责任意识教育的主渠道，在教育中可借助微公益这一载体，根据教育的实际情况，结合大学生的特点，将微公益理论融入课堂，使微公益理念深入大学生脑海，促使大学生养成时时做公益、随手做公益的习惯，在行动中深化对社会责任的认知，逐步增强自身的社会

责任意识。

在有关社会责任的教学过程中，教师除了基础理论知识的教学，还可以将微公益理念与社会责任意识教育相结合，从大学生的日常生活入手，从丰富多彩的微公益事例讲解出发，选择符合大学生心理特征、与大学生的生活体验关系较为密切的案例作为授课内容；在教学的过程中引入微公益实践与反思环节，让大学生讲述自己在微公益活动中的情感体验以及自己的社会责任意识是如何得到增强的，引导学生逐步深化微公益理念，内化社会责任认知。以上途径既能丰富社会责任意识教育的方式方法，又能使大学生在微公益实践活动中得到切实的教育，实践育人的效果也会更加显著。

同时，可以将微公益融入大学生日常社会责任意识培育中。在笔者的访谈中就有教师这样说："作为辅导员也可借助微公益这一社会责任意识教育的载体，除了日常可以通过网络的方式将各类正能量、网络求助信息等微公益转发给学生，引导大学生树立正确的观念、积极奉献自己的爱心，也可以利用主题班会、年级大会等丰富的教育形式，有针对性地将微公益理念以及活动信息传递给学生，鼓励大学生更加积极地参与到微公益中，在各种不同的微公益活动中体验不同的社会角色，加深自己对社会责任的认知与认同。"

（二）形成校社联动的微公益理念教育，深化大学生社会责任认知

高校作为大学生社会责任意识教育的主要渠道，不仅要完成常规社会责任意识教育任务，还应将微公益理念教育与社会责任意识教育相融合，使微公益所倡导的人人参与做公益、随手做公益、时时做公益，在微公益中承担自身的社会责任的理念深入大学生内心，增强大学生对社会责任的认知。同时高校可以主动加大与社会的联动力度，如与地方红十字会、志愿者组织等公益组织以及媒体的联动，扩大微公益理念的传播，让大学生在微公益理念的培育过程中，积极参与公益活动，从而不断深化对社会责任的认知，承担自己的社会责任。

二、大力营造微公益氛围，增强大学生社会责任情感体验

高校开展微公益的最终目的主要在于培养大学生的奉献精神、社会责任意识等方面的优秀品质，促使大学生积极践行社会主义核心价值观，继承与弘扬中华优秀传统文化，成为社会所需要的优秀人才。微公益的氛围既是一种友善、互助、志愿的氛围，又是一种人人做公益、随时做公益、随手做公益、点滴奉献的氛围。当校园中每个人都能把随手做公益当作一种责任或一种公益习惯，并且能够自觉自愿地为微公益氛围的形成努力时，浓郁的人人做公益、随时随地做公益的校园文化氛围就必定能构建成功。营造良好的校园微公益氛围的主要目的在于通过环境熏陶的方法来使大学生在充满微公益氛围的环境中不断强化自身的社会责任意识，促进其积极践行社会责任，在环境的熏陶中自我感受、自我领悟和自我体验社会责任情感，在实践中不断完善自身。

（一）营造充满微公益精神的校园文化，激发大学生社会责任情感

2013 年 5 月 4 日，习近平在同各界优秀青年代表座谈时指出，一个没有精神力量的民族难以自立自强，一项没有文化支撑的事业难以持续长久。校园文化是大学精神的重要体现，是教育学生的无形课堂，它将高校的办学理念深深浸润于学校的各项制度和物质环境中，它对学生具有点滴渗透、潜移默化的效果。微公益理念是大学校园文化的重要组成部分，富有微公益精神的校园文化氛围对于大学生的公益精神培养以及社会责任的践行具有重要的意义。因此，高校在进行社会责任意识教育时应注重建设富有微公益精神的校园文化，结合校园的整体规划，在校园景观上增强公益气息，做好增强大学生社会责任意识的培育工作。例如，在教学楼楼道、寝室走廊等地方将微公益活动信息以及具有社会责任意识的先进人物进行宣传和展示，发挥校园文化的感染力与影响力，使校园的路、石、园、林、水等不仅具有审美、使用的功能，还能起到很好的育人功效，让同学们无论走到哪里，都能感受到浓郁的公益氛围，让正能量在校园的每一个角落传递，进而从不同角度去激发大学生的社会责任情感，引导他们践行社会责任。

在笔者的访谈中就有学生这样说："校青协在学生经常路过的校园道

路的地下水井盖上都画上了各类涂鸦，有鼓励学习的、保护环境的等。这些富有创意的涂鸦能够让路过的大学生停驻观看，并在潜意识中形成保护环境的意识。"

（二）树立微榜样，激发大学生"微"力量

榜样的力量是无穷的。好典型能影响一代人甚至几代人的成长。[1]大学生身边有血有肉、可亲可爱的微榜样对大学生来说具有较大的影响力，他们生活在大学生身边，一举一动都能够被大学生收入眼底，给大学生的行为带来一定影响，从而激发大学生内心深处的自我意识、社会责任情感，使大学生积极做社会责任的践行者，传递校园正能量。

第一，教师是大学生社会责任意识教育与责任行为引导的重点责任人，他们的一言一行对大学生都有着潜移默化的影响。在大学生社会责任意识教育过程中，除了思政课教师、辅导员，其他科任教师也应做到时时事事为学生做榜样，严以律己，以身作则。教师的责任认知和责任行为对学生的责任发展起着潜移默化的作用，教师不仅要做传道授业解惑、为学生导方向之人，还要做在学生的心田里播下担当责任种子、引导学生践行社会责任之人。教师在进行社会责任意识教育时可将大学生乐于参与的微公益引入课堂，如在讲到社会主义核心价值观的时候，可将其落细落小落实的要求与微公益所倡导的从身边的小事着手、点滴奉献、汇聚大爱相结合，鼓励大学生积极参与微公益，践行社会责任行为。教师应用自身高度的责任意识去感染学生，用自身的公益案例去激发学生的社会责任情感，做好大学生责任担当与践行的指导者和引路人。

第二，同辈的榜样行为对大学生来说也具有很大的激励作用。相对于其他的榜样，大学生对同辈群体的信任感更强，因此高校可以选一批大学生可学可信的身边榜样，以此来激励大学生争做践行社会责任的宣传者和示范者，让大学生在感受别人的公益行为的过程中不断地获得情感体验，在情感交流中碰撞出更多的火花，为增强大学生社会责任意识埋下种子。

---

[1] 程东峰.责任论：一种新道德理论与实践的探究[M].合肥：合肥工业大学出版社，2016：114.

第三，公众人物的示范作用。公众人物的示范作用对于激发大学生的社会责任意识有着重要的作用。因此，高校也可借助大学生喜爱的公益名人的负责任、有担当的事例去激发大学生的社会责任情感，促使他们从点滴中践行社会责任。在访谈中，某师范学院的王同学就认为："名人对微公益发起的号召能让自己更加主动地去关注身边需要帮助的人群，在他们的号召下，自己也积极地参与丰富多彩的微公益行动，并且在网络购物的时候都会选择带公益性质的店铺，这样在自己购物的同时可以捐出一份爱心，在这些行为中自身的社会责任意识也明显得到了增强。"

三、努力促进微公益常态常新，帮助学生主动践行社会责任

社会责任意识教育不是一朝一夕之事，社会责任意识的形成也需一定时日以内化于心，最终外化于行。因此，大学生应该从点滴做起，从自己身边的小事做起，逐渐强化自身社会责任意识，积极践行社会责任。高校是大学生生活学习的主要场所，也是社会责任意识教育的主要阵地。将高校作为促进微公益常态化的主要阵地，引领大学生践行社会责任，可以通过发挥学生社团、学生会等的组织协调作用，搭建丰富的微公益平台，开展丰富多彩、点面结合的微公益活动，加大高校与家庭和社会的联动力度，促进大学生积极参与微公益，在实践中践行社会责任。

（一）发挥学生社团、学生会等的组织协调作用，促进微公益常态化

微公益具有独特的优势，深受大学生的青睐，有利于乐于做公益、长期做公益的常态化趋势形成，也有利于大学生良好品质的形成以及社会责任意识的增强。因此，高校应该积极促进微公益的常态化，发挥其实践育人的作用。

高校的学生社团是兴趣爱好相同的大学生自发组成的学生群体，高校学生会是在学校有关部门指导下开展工作的学生组织，两者在开展活动方面都有着丰富的经验。在访谈中就有教师说："大学生志愿者协会、红十字会等社团都是具有较强公益性质的组织，将微公益与它们紧密结合，一方面可以借鉴它们丰富的活动经验，另一方面它们也可以为微公

益的开展提供社团支持与人员的帮助。"

因此，高校的有关职能部门可以指导学生社团、学生会等学生组织积极开展各类微公益活动，引导大学生利用日常的碎片化时间参与微公益；还可以建立相应的辅助管理和保障机制，扩大微公益的影响力，使其迅速渗透大学生的日常生活，让每个学生都能够获得切实的公益体验，让随时、随地、随手的微公益成为大学生公益的常态，让大学生在微公益中践行社会责任、奉献爱心。

（二）搭建丰富的微公益平台，整合各种有益网络资源

微公益是高校思想政治教育理论课推进实践教学的新载体，也是增强大学生社会责任意识的有效实践途径。除了社团、班级以及学院组织的线下微公益活动，线上微公益更是成了大学生参与公益的重要方式之一。高校应当积极引导，为大学生搭建网络微公益平台，整合有益资源，建立有效、可行的微公益平台，以培育大学生的公益精神，为增强大学生社会责任意识创造良好条件。高校可将微公益活动信息通过官方微博、微信公众平台、班级群等及时有效地传递给学生，也可以借助这些平台以文字、图片或者视频的形式，及时、详细地报道全国各地的公益事件、校园微公益榜样，于潜移默化间将微公益的理念融入大学生的日常生活中，大力宣扬中华民族传统美德，弘扬时代正能量，使大学生树立和践行社会主义核心价值观。这既将网络与社会责任意识教育结合了起来，又符合当今时代大学生的发展特点。

高校的官方微博、微信公众平台、校园网、班级群等既可以是微公益信息的权威传递渠道，又可以给大学生提供交流的平台，高校可在这些平台上开设相应的讨论交流区，在这里大学生可以讲述自己与微公益的故事，分享自己的微公益行为，影响更多人，带动更多人积极参与微公益，践行社会责任，在实践中不断增强社会责任意识。

（三）开展丰富多彩、点面结合的微公益活动，推进大学生践行社会责任

大学生思维活跃、创新能力强，能很快接受新鲜事物，同时由于要完成学业以及进行就业等现实状况，他们在选择活动进行参与时一般会考虑到自身的时间以及是否有利于就业等因素。因此，高校在打造微公益活动时，不仅要贴近大学生学习生活实际，符合大学生身心发展特征，还要打造出一批主题好、内容好、形式好，可以长期推广、易于复制的微公益活动；不仅注重打造出符合大学生专业和特点的精品示范活动，还要尽量满足广大普通大学生参与公益的需求，以点带面吸引更多大学生积极参与微公益。使大学生通过参与丰富多彩的微公益活动体验生活、帮助他人，培养奉献爱心的精神，教育引导大学生从自我做起、从身边小事情做起、从现在做起，铭记每一个善举，分享每一次感动，积极践行社会责任。"学雷锋"活动就是大学生微公益活动中的一个较为典型的活动，雷锋就是在日常生活的点滴小事中践行自己的社会责任，具有强烈的社会责任意识。高校可以此为契机，在每年"学雷锋日"的前后开展相应的公益活动。

（四）加大高校与家庭和社会的联动，促进大学生外化社会责任

社会责任意识教育是一项长期复杂的育人工作，高校作为大学生德育教育的主渠道，不仅需要整合自身的各类资源，还应该充分将校内和校外的有利资源相结合，联动家庭和社会，用好家庭教育、社会教育的渠道，促进大学生外化社会责任。

高校可以向家长宣传校园官方微博、微信公众平台等平台，鼓励家长关注，然后通过这些平台将微公益信息进行精准推送，让大学生不但在校可以参与丰富的微公益活动，从中获得收获，而且在各类假期中也可以参与微公益，让微行动、微奉献成为一种常态。同时，高校可以加大与社会公益组织的联动，形成一个长期合作的关系，给大学生提供更多具有权威性、值得信赖的微公益信息与参与实践的机会，让大学生在实践活动中更多地接触社会、了解社会，承担自身的社会责任。

参考文献

[1] 米德.自我、心灵与社会 [M].赵月瑟,译.上海:上海译文出版社,
1992.

[2] 爱因斯坦.爱因斯坦文集:第三卷 [M].许良英,赵中立,张宣三,
编译.北京:商务印书馆,1979.

[3] 况志华,叶浩生.责任心理学 [M].上海:上海教育出版社,2008.

[4] 魏海苓.责任与担当:大学生社会责任感养成机制研究 [M].北京:
知识产权出版社,2016.

[5] 田秀云,白臣.当代社会责任伦理 [M].北京:人民出版社,2008.

[6] 檀传宝,等.公民教育引论:国际经验、历史变迁与中国公民教育
的选择 [M].北京:人民出版社,2011.

[7] 马克思,恩格斯.马克思恩格斯全集:第 46 卷:上 [M].北京:人民
出版社,1979.

[8] 马克思.机器。自然力和科学的应用 [M].自然科学史研究所,译.
北京:人民出版社,1978.

[9] 卡斯特.网络社会的崛起 [M].夏铸九,王志弘,等译.北京:社会
科学文献出版社,2001.

[10] 李文革,沈杰,季为民.青少年蓝皮书:中国未成年人互联网运用
报告:2013 ～ 2014[M].北京:社会科学文献出版社,2014.

[11] 王秀丽.微行大益:社会化媒体时代的公益变革与实践 [M].北京:

北京大学出版社 , 2013.

[12] 麦克卢汉 . 理解媒介 : 论人的延伸 [M]. 何道宽 , 译 . 北京 : 商务印书馆 , 2000.

[13] 塔沙克里 , 特德莱 . 混合方法论 : 定性方法和定量方法的结合 [M]. 唐海华 , 译 . 重庆 : 重庆大学出版社 , 2010.

[14] 郑荣双 , 严全治 . 当代人际交往的网络化方式与人格的多元化趋势 [J]. 自然辩证法研究 , 1998(2): 39–43.

[15] 柳友荣 . 谈网络化生存对心理构建的负面影响 : 兼与郑荣双、严全治先生商榷 [J]. 自然辩证法研究 , 1998(6): 64–66.

[16] 郑荣双 , 严全治 . 互联网的信息超载、虚拟性与 PIU[J]. 自然辩证法研究 , 1999, 15(5): 17–21.

[17] 左璜 , 黄甫全 . 关照社会性世界的网络化生活 : 国外新兴网络化行动研究述论 [J]. 学术研究 , 2012(2): 50–58, 59.

[18] 常晋芳 . 网络思维方式 : 人类思维方式的第五次大变革 [J]. 理论学习 , 2002(1): 46–48.

[19] 张明炯 . 论公众媒介素养教育 [J]. 宁波大学学报 (教育科学版), 2005, 27(3): 43.

[20] 常晋芳 . 网络哲学引论 : 网络时代人类存在方式的变革 [D]. 北京 : 中共中央党校 , 2002.

附　录

大学生网络民主参与的媒介素养调查问卷

亲爱的同学：

您好！作为新时代的大学生，丰富多样的社交网络平台为大家提供了广阔的民主参与空间，有助于大学生塑造独立的政治人格。为了加强大学生在网络民主参与中的媒介素养教育，我们特组织本次问卷调查，了解大学生网络民主参与的媒介素养现状。问卷中各项答案没有对错之分，请根据您的实际情况填答。调查是匿名的，您在问卷中提供的所有信息我们都仅用于统计分析，并会依据有关法规予以保密。

谢谢您的配合！

《大数据时代大学生网络民主参与的媒介素养研究》课题组

A1. 您的性别　□ 男　□ 女

A2. 您所在年级　□ 大一　□ 大二　□ 大三　□ 大四

A3. 您的专业

□ 理工类，方便请注明

□ 文史类，方便请注明

□ 艺体类，方便请注明

A4. 您的家庭所在地 □ 大中城市 □ 县城乡镇 □ 农村 □ 其他

A5. 您的政治面貌 □ 团员 □ 党员 □ 民主党派 □ 群众

A6. 您大学期间是否担任过学生干部 □ 是，担任过 □ 否

B1. 您平均每天上网的时间多长

□ 不上网 □ 0.5 小时以下 □ 0.5～1 小时 □ 1～2 小时 □ 2 小时以上

B2. 您上网的主要目的是，首先___，其次___ ，再则___。

a. 浏览新闻　b. 交友聊天　c. 办公学习　d. 娱乐游戏　e. 网上购物 f. 其他

C1. 您在网上参与过下列活动的情况

活 动	频 率				
	经常	较多	一般	很少	从不
访问政治或公共事务新闻网站					
访问关注政治或公共事务的微博 / 微信公众平台 / 论坛等					
转发、分享公共事件消息或政治新闻					
在网上讨论政治议题或公共事务					
参与政治议题或公共事务网上投票、网络征求意见调查					
围绕政治议题或公共事务发起网络签名等形式的维权活动					
参与和政府官员或公共机构负责人的在线交流					
通过网络向政府或公共机构表达意愿建议					

C2. 您在参与以上网上民主活动中使用最多的媒介工具，首先___，其次___ ，再则___。

a. 政府或官方部门网站　b. 博客　c. 微博　d.QQ、飞信群　e. 微信 f. 电子邮件　g. 论坛、贴吧

D1. 请您选择自己认为所接触到的网上信息的真实性程度

网上信息渠道	真实性程度				
	完全真实	大部分真实	半真半假	大部分不真实	完全不真实
政府部门官方网站					
综合新闻资讯网站					
论坛 / 贴吧					
微博 / 微信 /QQ 空间上的分享					
网友聊天的内容					

D2. 您是否了解新闻信息发布的背后有各种政治、经济、社会因素的影响

□ 了解　□ 不清楚　□ 不了解

D3. 如果你在网络上看到和自己有直接利益关系的政府信息时，您会怎么做？

□ 看看而已　□ 发表意见　□ 视而不见　□ 大声疾呼

D4. 假如在现实生活中遇到不公平的事，你会运用网络维权吗？

□ 会通过网络发帖举报和质疑　□ 不会通过网络维权　□ 视情况而定

D5. 当您个人观点与媒体的观点相冲突时，您会

□ 相信媒体　□ 大部分情况下相信媒体　□ 媒体观点仅做参考

□ 不受媒体观点的影响　□ 不好说

D6. 如果网络报道的某些信息出现错误或偏差，您一般会：

□ 立即跟媒介联系，要求纠正

□ 不会要求纠正，但会影响该媒介在自己心目中的形象

□ 认为错误在所难免，不会影响该媒介在自己心目中的形象

□ 无所谓，不会有什么想法

D7. 你网络言论自由所持的态度：

□ 需要进一步规范和监管

□ 比较自由，应该保持目前状况

□ 不太自由，很多想说的话不能说

D8. 您会在网上发布不负责任的信息吗：

□ 从不在网上发布虚假消息

□ 经常在网上发布不负责任的消息

□ 心情不好时或受到不公正待遇时会

E1. 您认为通过网络参与有助于训练大学生公共行为能力，有助于培养大学生公共精神：

□非常同意　□比较同意　□一般　□不太同意　□很不同意

E2. 您希望学校开设大学生媒介素养教育课程以什么形式出现

□ 应单独设置课程，纳入正规课堂

□ 不需要单独设置，融入某些人文课程即可

□ 应开展主题讲座、在线课程等非正规课程

□ 没必要开设

□ 其他

大学生社会生活网络化对社会认同的影响问卷调查

以大学生社会生活网络化发展现象为研究问题域，以网络化与社会适应冲突的矛盾为出发点，从认知、评价和情感三重维度，探讨大学生社会生活网络化对社会认同建构的影响。

● 基本情况

1. 您的性别是：男，女

2.您的年级是：一年级，二年级，三年级，四年级，研究生

3.您的专业：工科，理科，文科，医科

4.您的政治面貌是：中共党员（含中共预备党员），共青团员，群众及其他

5.您在校身份是：普通学生，班、社团学生干部，学院、学校学生干部

● 冲突1.网络传播对公众政治生活的影响

1.1 您知道在网络空间上有各级有关部门的网络舆情监控吗？

知道，不清楚，完全不知道

1.2 您觉得网络舆情监控干涉了自己的线上交互自由吗？

严重干涉到，有些干涉到，不清楚，没怎么干涉到，一点都没有干涉到

1.3 您认为社会的安全稳定需要网络舆情监控制度吗？

很不需要，不太需要，不清楚，比较需要，非常需要

1.4 虽然有网络舆情监控但您仍然乐于进行网络传播活动？

很不赞同，不太赞同，不清楚，比较赞同，非常赞同

1.5 您发现危害社会安全稳定的网络信息会向有关政府部门反馈吗？

肯定不会，不太会，不清楚，应该会，肯定会

● 冲突2.网络消费对线下生活秩序的影响

2.1.1 您知道学校禁止外卖送餐进校园？

知道，不清楚，完全不知道

2.1.2 您觉得学校禁止外卖送餐进校园影响了自己的用餐服务吗？

严重影响，有些影响，不清楚，不太影响，完全没影响

2.1.3 您认为学校的安全文明环境需要禁止外卖送餐进校园的规定吗？

很不需要，不太需要，不清楚，比较需要，非常需要

2.1.4 虽然学校禁止外卖送餐进校园但您仍然热衷于网络订餐服务吗？

很不赞同，不太赞同，不清楚，比较赞同，非常赞同

2.1.5 您发现违反规定送外卖进校园的现象会向学校有关部门反馈吗?

肯定不会,不太会,不清楚,应该会,肯定会

2.2.1 您知道学校规定集中配送快递吗?

知道,不清楚,完全不知道

2.2.2 您觉得学校规定集中配送快递影响了自己收发快递吗?

严重影响,有些影响,不清楚,不太影响,完全没影响

2.2.3 您认为学校的安全文明环境需要规定集中配送快递吗?

很不需要,不太需要,不清楚,比较需要,非常需要

2.2.4 虽然学校规定集中配送快递但您仍然热衷于网络购物吗?

很不赞同,不太赞同,不清楚,比较赞同,非常赞同

2.2.5 您发现违反规定没有集中配送快递的现象会向学校有关部门反馈吗?

肯定不会,不太会,不清楚,应该会,肯定会

● 认同对象 1. 对现实生活环境

3.1 您觉得学校会不会关心像我这样的学生反映的意见?

会关心,有些会关心,不太关心,完全不关心

3.2 您觉得学校做的决策会不会在乎学生的感受?

会在乎,有些会在乎,不太在乎,完全不在乎

3.3 您会不会觉得学校的管理非常复杂,不是一般学生可以了解?

当然会觉得,有时会觉得,不太会觉得,完全不会觉得

3.4 如果您有意见要反映会首选向谁反映?

向老师反映,向校长写信,找学校有关部门,通过论坛、微博等网络平台发帖,向同学或家长倾诉

● 认同对象 2. 对媒体网络

4.1 您每天都会使用到媒体网络吗?

很不赞同,不太赞同,说不清楚,比较赞同,非常赞同

4.2 您觉得媒体网络在日常生活的覆盖面越大越好吗?

很不赞同,不太赞同,说不清楚,比较赞同,非常赞同

4.3 您觉得学校为自己养成的网络生活习惯提供了相应校园服务保

障吗？

完全没有，不太多，不清楚，有些提供，都提供

4.4 您觉得网络活动体验影响了自己对社会的认知吗？

完全没有，不太多，不清楚，有些影响，非常影响

4.5 您觉得网络活动体验影响了自己对社会的认同吗？

完全没有，不太多，不清楚，有些影响，非常影响

关于利用微公益增强大学生社会责任意识的访谈提纲（教师）

微公益即微小的公益，具有多种参与形式，内容丰富。

例如，①线上微公益（利用微博、微信以及各类 APP 发起的网络公益）；②线下微小的公益事件（如随手关灯，垃圾入桶、为需要帮助的人让座以及高校开展的各类微小志愿服务活动）；③线上线下相结合的简单易行、丰富多彩的微公益（如全国大学生植物领养活动）。

微公益提倡：随手公益、人人公益、时时公益、奉献自己的力量，将微公益作为一种新的生活方式，塑造微公益的习惯，最终形成全民公益新局面。

1. 您认为当前大学生的社会责任意识状况如何（好的表现、弱化的表现）？

2. 对于部分大学生社会责任意识弱化的现状，您认为是什么原因造成的？

3. 您觉得微公益作为实践教育的载体对增强大学生社会责任意识的优势有哪些方面？

4. 您在对大学生进行社会责任意识教育的时候通常会采取什么样的方式？（理论灌输、将知识贯穿于各类有效的实践活动之中等）

5. 您一般会通过什么样的方式给大学生传递微公益相关知识及信息？

6. 您认为高校还可以从哪些方面支持、创新微公益，鼓励大学生参与其中，增强社会责任意识？（如团委、社团等方面可以怎么做？）

关于微公益对增强大学生社会责任意识的访谈提纲（学生）

微公益即微小的公益，具有多种参与形式，内容丰富。

例如，①线上微公益（利用微博、微信以及各类 APP 发起的网络公益）；②线下微小的公益事件（如随手关灯，垃圾入桶、为需要帮助的人让座以及高校开展的各类微小志愿服务活动）；③线上线下相结合的简单易行、丰富多彩的微公益（如全国大学生植物领养活动）。

微公益提倡：随手公益、人人公益、时时公益、奉献自己的力量，将微公益作为一种新的生活方式，塑造微公益的习惯，最终形成全民公益新局面。

1. 您参与过哪些微公益，主要是通过什么渠道获得信息？学校一般发起的微公益活动有哪些？

2. 您选择参与微公益的原因有哪些？

3. 参与微公益您都有些什么收获？（社会责任意识的增强、自身能力得到提升等方面）

4. 您认为作为高校应该对大学生参与微公益提供哪些方面的条件？

5. 高校微公益还可以在哪些方面创新？

后　记

　　当代青少年已经与"互联网＋"时代紧密相融，互联网对青少年的社会化影响深远。本书中研究作为关照大学生社会性发展的线上、线下世界融合研究，也具有一定的局限性。大学校园是一个特定的社会物理空间，虽然在一定程度上控制了社会性发展的影响，但也使得本书中研究缺乏对大学生作为社会个体的全方位时空关照。因此，未来的研究还可以引入家庭、社会等可能对大学生在线上、线下世界融合实践的社会性发展产生影响的时空，更加完善地理解大学生网络化生存现状与需求。另外，本书中研究为了构建对大学生线上、线下世界融合的校园生活全景的理解，对质性方法分析的资料与量化方法统计的数据之间的整体性研究设计还不够完善，而且过去相关的研究文献中缺少围绕研究问题的量化研究，无法为该领域的研究提供成熟的数据测量工具。但由于本书采用扎根于现实校园生活的混合方法研究，所以将质性研究的发现作为建立测量工具的基础。尽管如此，作为大学生社会性发展的新视角研究，本书中的研究方法与研究发现依然具有一定的创新价值。

　　在互联网社会深入发展和深刻变革的时代背景下，线上世界并行于当代青少年成长、发展的现实世界，与青少年的关系越来越密切，青少年在日常社会交往、基础生活应用等方面都已经养成了网络参与习惯，线上世界日益丰富的实践活动对青少年个体的社会性发展影响也日益深远。目前我国教育针对当代青少年在网络空间开展的实践活动缺乏系统化的研究与指导，亟待更多的研究学者和一线教师共同加入对线上世界的个体社会性发展与教育的理论探讨与研究实践中。